NATUREZA HUMANA:
JUSTIÇA *vs.* PODER

NATUREZA HUMANA: JUSTIÇA *vs.* PODER

O debate entre Chomsky e Foucault

Noam Chomsky
e Michel Foucault

Editado por Fons Elders

Tradução
FERNANDO SANTOS

wmf **martinsfontes**

Esta obra foi publicada originalmente em inglês com o título
HUMAN NATURE: JUSTICE VS POWER
por Souvenir Press Ltd., Londres
Publicado originalmente em Reflexive Water: The Basic Concerns of Mankind,
editado por Fons Elders, Souvenir Press, 1974.
Copyright © 1974, 2011 by Fons Elders, Noam Chomsky & Michel Foucault
A Copyright Design and Patents Act de 1988 garante a Fons Elders, Noam Chomsky e
Michel Foucault o direito de serem identificados como autores deste livro.

Todos os direitos reservados. Este livro não pode se reproduzido, no todo ou em parte, nem armazenado em sistemas eletrônicos recuperáveis nem transmitido por nenhuma forma ou meio eletrônico, mecânico ou outros, sem a prévia autorização por escrito do Editor.

Copyright © 2014, Editora WMF Martins Fontes Ltda.,
São Paulo, para a presente edição.

1ª edição 2014
5ª tiragem 2022

Tradução
FERNANDO SANTOS

Acompanhamento editorial
Márcia Leme
Revisões
Maria Luiza Favret e Ana Paula Luccisano
Edição de arte
Katia Harumi Terasaka
Capa
Gisleine Scandiuzzi
Produção gráfica
Geraldo Alves
Paginação
Studio 3 Desenvolvimento Editorial
Foto da capa
Mauro Restiffe

**Dados Internacionais de Catalogação na Publicação (CIP)
(Câmara Brasileira do Livro, SP, Brasil)**

Chomsky, Noam
  Natureza humana : justiça vs. poder : o debate entre Chomsky e Foucault / Noam Chomsky e Michel Foucault ; editado por Fons Elders ; [tradução Fernando Santos]. – São Paulo : Editora WMF Martins Fontes, 2014.

  Título original: Human nature : justice vs power : the Chomsky-Foucault debate.
  ISBN 978-85-7827-793-2

  1. Chomsky, Noam, 1928- 2. Filosofia 3. Foucault, Michel, 1926-1984 I. Foucault, Michel. II. Título.

13-13961   CDD-128

Índices para catálogo sistemático:
1. Natureza humana : Filosofia   128

Todos os direitos desta edição reservados à
Editora WMF Martins Fontes Ltda.
*Rua Prof. Laerte Ramos de Carvalho, 133 01325-030 São Paulo SP Brasil
Tel. (11) 3293-8150 e-mail: info@wmfmartinsfontes.com.br
http://www.wmfmartinsfontes.com.br*

Noam Chomsky e Michel Foucault:
um choque de paradigmas

Certa vez, num sonho, um jovem me perguntou: *Como se reconhece um filósofo?* Eu sorri e respondi: *O filósofo é um ser humano igual a todos os outros seres humanos, só que o filósofo sempre reflete. Os filósofos refletem de maneira diferente?* Ri: *Sim, isso mesmo. Às vezes eles não entendem as reflexões uns dos outros.* Ele então sorriu, agradeceu e partiu.

Meu primeiro encontro com Foucault foi mais um confronto do que um encontro. Quando me desculpei por ter chegado cinco minutos atrasado, ele disse: "ainda sobram vinte e cinco minutos". Depois de apresentar os objetivos do projeto e mencionar o nome de Chomsky, sua única reação foi: *Não estou convencido. Ainda restam vinte minutos.*

Em 1971 viajei novamente a Paris para me encontrar com Michel Foucault, dessa vez para uma entrevista televisionada. Precisava conhecê-lo para poder me preparar para o debate entre ele e Noam Chomsky dali a alguns meses. A entrevista foi ótima. O gelo havia se quebrado. Abordamos a maioria dos temas que são fundamentais em seus textos, como a relação entre liberdade e conhecimento e a morte do homem. Ele fez questão de demonstrar a oposição intrínseca, se não a contradição, entre as noções de liberdade e conhecimento, tendo o poder como denominador comum[1]. Na filosofia de Foucault, o poder é a ideia mestra que abrange tudo. Ela irrompe no debate como destruidora do conceito de justiça universal.

1971-2011

Por que o debate foi tão revelador em 1971, e por que ainda continua sendo revelador hoje? Será porque ambos demonstram uma erudição profunda e minuciosa fundada numa série de argumentos impressionantes? Será por causa da diferença entre as duas personalidades no que diz respeito ao aspecto físico e mental? Será porque um falava inglês e o outro francês sem a mediação de um tradutor, e ainda assim se compreendiam perfeitamente? Será por causa do choque, que se tornou audível e visível na segunda parte do debate, quando a discussão voltou-se explicitamente para a política em termos de natureza humana, poder, injustiça e justiça?

---

[1]. Essa conversa foi publicada em 2013 sob o título de *Freedom and Knowledge: a hitherto unpublished interview*, pela Elders Special Productions, BV.

Minha resposta a essas perguntas é, sem sombra de dúvida, "sim". Isso não explica, porém, por que o interesse pelo debate continuou crescendo sem parar ao longo dos últimos quarenta anos. Penso que a razão principal é que *Chomsky e Foucault expõem o conflito existente no centro da própria cultura e da política do Ocidente*. O Ocidente não tem uma visão de mundo homogênea. Ela incorpora uma tradição composta por inúmeras camadas com tendências intrinsecamente opostas, como o pensamento clássico *versus* o romântico; os sistemas de crença cristãos tradicional e evangélico *versus* os sistemas seculares; pontos de vista nacionais chocam-se frequentemente com valores específicos da Declaração dos Direitos Universais (1948). Por exemplo: é verdade que os Estados Unidos e a União Europeia reconhecem uma ampla gama de direitos civis, mas rejeitam os direitos humanos expressos na Declaração sempre que eles contrariam seus interesses nacionais e propósitos imperialistas.

Todo cidadão que não está interessado apenas na política do dia a dia, mas, acima de tudo, nas questões prementes acerca do futuro de sua sociedade, da globalização e da mudança climática, luta contra a tensão entre valores que defendem o interesse geral e a impotência para entender e aceitar o "outro". Para muitos americanos e europeus, o "outro" ou o "estrangeiro" é o muçulmano ou o Islã, mesmo que eles tenham a mesma cidadania[2].

2. *Islam Unknown. Fons Elders meets Asma Barlas, Nasr Abu Zayd, Abdullahi Ahmed An-Na'im, Reza Aslan, Amna Nusayr, Anouar Majid, Ömer Özsoy, Mehmet Asutay*, publicado em 2013 pela Elders Special Productions, BV.

COMO PROCEDER

O choque de paradigmas é um debate em que dois intelectuais independentes e corajosos discutem exaustivamente a respeito dos ideais e práticas da cultura e da política do Ocidente.

Para entender Chomsky e Foucault, é preciso deixar claro de onde eles partem, inclusive os argumentos que apresentam em defesa do significado de suas hipóteses. Isso pode explicar por que os filósofos conseguem despertar nosso interesse com questões relacionadas à origem e à natureza dos valores; se a natureza humana existe ou não; se somos livres ou completamente condicionados. Mas também: são essas as perguntas corretas ou devemos procurar outra abordagem?

EMPIRISMO

Michel Foucault declara-se um adepto da *paresia*, ou seja, ele é um contador de histórias ousado e franco que adora enxergar a problematização como um ato de criação. Na última série de conferências que ele fez na Universidade da Califórnia, *campus* de Berkeley, em outubro e novembro de 1983, ele descreve a problematização como "uma criação, no sentido de que, dada determinada situação, não é possível deduzir que decorrerá esse tipo de problematização. Dada determinada problematização, só é possível compreender por que esse tipo de resposta surge como uma réplica a um aspecto concreto e específico do mundo. Existe uma relação entre pensamento e realidade no processo da problematização"[3].

Com essa descrição, Foucault responde a minha ideia inicial de que é preciso deixar claro *de onde cada um deles parte e o modo como argumentam em defesa do significado de suas hipóteses*. Seu ponto de partida é *um aspecto concreto e específico do mundo*. Foucault é um empirista: a única coisa que existe é este mundo feito de dados e realidades sensíveis, conectados em diferentes níveis e em diversas estruturas, nas quais – para ele – a questão do poder é a principal questão política: *quem tem poder sobre outra pessoa*, mas também: *não existe poder que não traga dentro de si o germe da rejeição ou da revolta*. Ele desconfia da noção de natureza humana porque ela é um construto no interior da luta pelo poder entre a classe burguesa e o proletariado. Esta é a sua posição no debate com Chomsky. Nos anos seguintes ele irá se distanciar desse tipo de marxismo; porém, o conceito de realidade empirista subjacente, sem quaisquer ideias inatas como aquelas que Chomsky defende, continuará regendo suas concepções fundamentais.

RACIONALISMO

Chomsky parte do princípio de que a natureza humana existe num sentido objetivo, e de que todos os seres humanos

---

3. Extraído de: Foucault, Michel. *Fearless Speech* [Discurso destemido], Los Angeles, Semiotext(e), © 2001.

compartilham essa *natureza humana* com as *ideias inatas* e *estruturas inatas* que ela contém.

Para aqueles que se opõem às hipóteses subjacentes de sua revolução no campo da linguística, ele pergunta, como o fez durante o debate com Foucault: "[...] é possível descrever, em termos dos conhecimentos médicos de que dispomos hoje, a capacidade que a criança tem de adquirir sistemas complexos de conhecimento; e, além disso, o que é crucial, tendo adquirido tais sistemas de conhecimento, a capacidade de utilizá-lo de maneira livre e criativa, e nas formas extraordinariamente variadas como ela o faz?"[4]

Quem faz esse tipo de pergunta só espera uma única resposta: "sim". O racionalista Chomsky é um universalista no sentido mais absoluto do termo. Universalista porque cada ser humano compartilha com os outros seres humanos ideias e estruturas inatas e o potencial de organizar sua própria vida e, portanto, de viver uma vida decente e criativa.

Embora Chomsky não baseie seu anarcossindicalismo na linguística em sua obra *Syntactic Structures* [Aspectos da teoria da sintaxe] (1957) nem nas publicações posteriores, sua linguística e o anarcossindicalismo partilham da hipótese de que existe uma natureza humana com qualidades inatas – algo que Foucault não podia aceitar, porque sua visão empirista da realidade e do conhecimento não admite tal hipótese.

A distância que separa Chomsky e Foucault, no que diz respeito ao modo como ambos enxergam a realidade – isto é, a

---

4. *Natureza humana*, pp. 8-10.

ontologia – e o conhecimento – isto é, a epistemologia –, é a mesma distância que se revela entre as teorias filosóficas e políticas da Europa e dos Estados Unidos durante os últimos trezentos anos. Estes séculos de apogeu para ambas as culturas, incluindo a conquista de continentes, guerras mundiais, holocausto e notável bem-estar social, pedem uma profunda reflexão.

O CAMINHO QUE SEGUIMOS

O motivo pelo qual pedi que esses intelectuais debatessem seus pontos de vista foi, principalmente, porque eles partilham o mesmo compromisso de transformar suas sociedades, mas também porque suas estratégias se basearam – e continuam se baseando – em hipóteses bastante divergentes, se não opostas. O caminho ou a estratégia que seguirmos afetará de maneira decisiva os objetivos que pretendemos alcançar.

Fons Elders
Kapberg, Warder, Holanda
Primavera de 2011
www.fonselders.nl

NATUREZA HUMANA:
Justiça *versus* poder

Elders:
Senhoras e senhores, bem-vindos ao terceiro debate do International Philosophers' Project [Projeto Internacional dos Filósofos]. Os debatedores desta noite são o sr. Michel Foucault, do Collège de France, e o sr. Noam Chomsky, do MIT [Instituto de Tecnologia de Massachusets]. Ambos os filósofos têm pontos em comum e pontos de divergência. Talvez a melhor maneira de compará-los seria considerando-os como duas pessoas que estão cavando um túnel numa montanha, um de cada lado da montanha, usando ferramentas diferentes e sem nem ao menos saber se estão cavando na mesma direção.

Mas ambos estão desempenhando suas tarefas utilizando ideias bem originais, cavando tão profundamente quanto possível, com o mesmo comprometimento na filosofia como na política, motivos suficientes, parece-me, para esperarmos um debate fascinante sobre filosofia e política.

Assim, para não perdermos mais tempo, gostaria de começar com uma questão central e recorrente: a questão da natureza humana.

Todas as disciplinas que estudam o ser humano – da História à Linguística e à Psicologia – deparam com a questão de saber se, em última instância, somos o resultado de todos os tipos de fatores externos, ou se, apesar de nossas diferenças, temos algo que poderíamos chamar de natureza humana comum, por meio da qual podemos nos reconhecer mutuamente como seres humanos.

Portanto, minha primeira pergunta é dirigida ao senhor, Sr. Chomsky, porque o senhor emprega com frequência o conceito de natureza humana, chegando a relacionar a ela termos como "ideias inatas" e "estruturas inatas". Que argumentos o senhor infere da linguística para atribuir uma posição tão central ao conceito de natureza humana?

Chomsky:

Bem, gostaria de começar com algumas pinceladas técnicas.

Toda pessoa que se interessa pelo estudo de línguas depara com um problema empírico bem definido. Ela depara com um organismo, digamos, um organismo maduro, adulto, falante, que, de alguma forma, adquiriu uma fantástica gama de habilidades que lhe permitem, especialmente, se fazer entender, compreender o que as pessoas lhe dizem, e fazer isso de uma forma que, penso, podemos chamar de altamente criativa... ou seja, muito daquilo que uma pessoa diz numa comunicação normal com os outros é novo, muito do que se ouve é original, não tem a menor semelhança com nada que você já experimentou; não se trata, certamente, de um comportamento novo, aleatório, e sim de um comportamento que é – num sentido que é muito difícil de caracterizar – adequado às situações. E, de fato, ele tem muitas das características daquilo que eu acho que podemos muito bem chamar de criatividade.

Ora, a pessoa que adquiriu esse conjunto de habilidades intrincado, altamente articulado e organizado – o conjunto de habilidades que chamamos de conhecer uma língua –, foi exposta a certa experiência; ela entrou em contato, ao longo da vida, com certa quantidade de informação, de experiência direta com uma língua.

Podemos pesquisar as informações que estão disponíveis para essa pessoa; feito isso, deparamos, em princípio, com um problema científico razoavelmente claro e bem delineado, a saber, dar conta da distância entre a quantidade bem pequena de informações – pequena e de baixa qualidade – que é apresentada à criança, e o resultado, um conhecimento altamente articulado, altamente sistemático e profundamente organizado, conhecimento esse que ela, de alguma forma, deduziu dessas informações.

Percebemos, além disso, que indivíduos diferentes que passam por experiências diferentes com determinada língua acabam chegando, apesar disso, a sistemas extremamente coerentes entre si. Os sistemas a que chegam dois falantes de inglês com base em experiências extremamente diferentes são coerentes no sentido de que, considerando um espectro extremamente amplo, o que um diz, o outro consegue entender.

Além disso, e o que é ainda mais digno de nota, percebemos que um grande número de línguas – na verdade, todas que foram estudadas seriamente – apresenta restrições extraordinárias quanto aos tipos de sistemas que emergem dos tipos extremamente diferentes de experiências às quais as pessoas são expostas.

Só existe uma explicação possível, que eu preciso apresentar de forma meio esquemática, para esse fenômeno extraordinário, qual seja, a hipótese de que o próprio indivíduo dá enorme contribuição – uma contribuição decisiva, para dizer a verdade – para a construção da estrutura esquemática geral, e provavelmente até mesmo para o conteúdo específico do conhecimento que, em última análise, ele deduz dessa experiência extremamente fragmentada e limitada.

A pessoa que conhece uma língua adquiriu esse conhecimento porque abordou a experiência do aprendizado por meio de um esquematismo bem explícito e detalhado que lhe diz que tipo de língua é aquela à qual ela está sendo exposta. Ou seja, para dizer de uma maneira meio informal: a criança deve começar com o conhecimento, certamente não com o conhecimento de que está ouvindo inglês, holandês ou francês ou alguma outra coisa, mas ela *de fato* começa com o conhecimento de que está ouvindo uma linguagem humana de um tipo bem restrito e claro, que admite uma escala de variação bem limitada. E é pelo fato de começar com aquele esquematismo altamente organizado e extremamente restritivo que ela é capaz de dar o enorme salto das informações fragmentadas e pobres para um conhecimento altamente organizado. E, além disso, devo acrescentar que podemos avançar um pouco, creio que até mesmo bastante, no sentido de apresentar as propriedades desse sistema de conhecimento – que eu chamaria de linguagem inata ou conhecimento instintivo – que a criança traz para o aprendizado da linguagem. E também podemos avançar muito no sentido de descrever o sistema que é representado mentalmente quando ela adquiriu esse conhecimento.

Eu diria, então, que esse conhecimento instintivo – esse esquematismo, se preferirem –, que torna possível inferir um conhecimento complexo e intrincado a partir de informações extremamente parciais, é um dos elementos fundamentais da natureza humana. Creio que, neste caso, um elemento fundamental por causa do papel desempenhado pela linguagem, não apenas na comunicação, mas também na expressão do pensamento e na interação entre as pessoas. Além disso, suponho que em outros domínios da inteligência humana, em outros domínios do conhecimento e do comportamento humanos, algo parecido deva existir.

Bem, é a esse conjunto, a essa massa de esquematismos e princípios organizadores inatos que guia nosso comportamento social, intelectual e individual que eu me refiro por meio do conceito de natureza humana.

Elders:
Bem, sr. Foucault, quando penso em livros como *História da loucura* e *As palavras e as coisas*, fico com a impressão de que o

senhor está trabalhando em um nível completamente diferente e com uma intenção e um objetivo totalmente opostos. Quando penso na palavra esquematismo com relação à natureza humana, suponho que o senhor está tentando elaborar diversos períodos com diversos esquematismos. O que lhe parece isso?

Foucault:
Bem, se não se importar, vou responder em francês, porque meu inglês é tão pobre que eu ficaria envergonhado se respondesse em inglês.

É verdade que tenho certa desconfiança da noção de natureza humana. Pela seguinte razão: acredito que nem todos os conceitos e noções que uma ciência pode utilizar têm o mesmo grau de elaboração e que, em geral, eles não têm nem a mesma função nem podem ser usados da mesma forma no discurso científico. Tomemos o exemplo da biologia. Encontraremos nela conceitos que têm a função de classificar, conceitos que têm a função de diferenciar e conceitos que têm a função de analisar. Alguns deles nos possibilitam caracterizar objetos, por exemplo, o do "tecido"; outros, isolar elementos, como o do "traço hereditário"; outros, a estabelecer relações, como a do "reflexo". Ao mesmo tempo, existem elementos que desempenham um papel no discurso e nas regras internas do exercício do raciocínio. Mas existem também noções "periféricas", aquelas por meio das quais a prática científica se dá a conhecer, se diferencia com relação a outras práticas, delimita seu domínio de objetos e indica o que para ela é o conjunto de suas futuras tarefas. Durante determinado período, a noção de vida desempenhou, até certo ponto, esse papel na biologia.

Nos séculos XVII e XVIII, dificilmente se utilizava a noção de vida no estudo da natureza: os seres naturais, fossem eles vivos ou não, eram classificados em um imenso quadro hierárquico que ia dos minerais ao homem. A ruptura entre os minerais e as plantas ou os animais era relativamente indeterminada; epistemologicamente, a única coisa importante era determinar suas posições de uma vez por todas, de uma forma incontestável.

No final do século XVIII, a descrição e a análise desses seres naturais mostraram, por meio do uso de instrumentos ainda mais aperfeiçoados e das técnicas mais recentes até então existentes, todo um domínio de objetos, todo um campo de relações e processos que nos permitiram definir a especificidade da biologia no conhecimento da natureza. Será que se pode afirmar que a investigação acerca da vida se constituiu, no fim, em ciência biológica? Será que o conceito de vida foi o responsável pela organização do conhecimento biológico? Acho que não. O mais provável, me parece, é que as transformações do conhecimento biológico no final do século XVIII foram comprovadas, de um lado, por meio de toda uma série de novos conceitos que seriam utilizados no discurso científico; e, de outro, deram origem a uma ideia como a da vida, que, entre outras coisas, nos permitiu designar, delimitar e situar certo tipo de discurso científico. Eu diria que a ideia de vida não é um *conceito científico*; ela tem sido um *indicador epistemológico* de que as funções classificatória e delimitadora, além de outras, influenciaram as discussões científicas, e não do que elas estavam tratando.

Bem, parece-me que a ideia de natureza humana é do mesmo tipo. Não foi estudando a natureza humana que os linguistas descobriram as leis da mutação consonantal, que Freud descobriu os princípios da análise dos sonhos ou que os antropólogos culturais descobriram a estrutura dos mitos. Tenho a impressão de que, na história do conhecimento, a ideia de natureza humana desempenhou, principalmente, o papel de um indicador epistemológico para designar certos tipos de discurso relacionados ou contrários à teologia, à biologia ou à história. Para mim, seria difícil ver nisso um conceito científico.

Chomsky:
Bem, em primeiro lugar, se fôssemos capazes de descrever em termos de, digamos, redes neurais as propriedades da estrutura cognitiva humana que permitem que a criança adquira esses sistemas complicados, então ao menos eu não hesitaria em descrever essas propriedades como um elemento constitutivo da natureza humana. Isto é, neste caso, existe algo biologicamente determinado, imutável, uma base para o que quer que façamos com nossas capacidades mentais.

Mas eu gostaria de estender um pouco mais a linha de raciocínio que o senhor esboçou – com a qual, de fato, estou inteiramente de acordo – sobre o conceito da vida como um conceito organizador nas ciências biológicas.

Parece-me que se pode especular um pouco mais – especular, neste caso, uma vez que estamos falando a respeito do futuro, não do passado – e perguntar se o conceito de natureza humana ou de mecanismos organizadores inatos ou de esquematismo mental intrínseco, ou o nome que queiramos dar a isso (não vejo muita diferença entre eles, chamemo-lo de natureza humana, para simplificar), não pode representar o novo desafio a ser superado pela biologia, depois de ela já ter – ao menos na cabeça dos biólogos, embora talvez possamos questionar isso – respondido satisfatoriamente a algumas das perguntas sobre o que é a vida.

Em outras palavras, para ser preciso, é possível dar uma explicação biológica ou uma explicação física... é possível caracterizar, em termos dos conceitos físicos atualmente disponíveis, a capacidade que a criança tem de adquirir sistemas complexos de conhecimento? E, além disso, o que é crucial, tendo adquirido tais sistemas de conhecimento, ser capaz de fazer uso desse conhecimento de maneira livre, criativa e admiravelmente variada como faz?

Podemos explicar em termos biológicos, em termos físicos, finalmente, essas propriedades de, em primeiro lugar, adquirir conhecimento e, depois, fazer uso dele? De fato, não vejo nenhuma razão para acreditar nisso; isto é, trata-se da crença que os cientistas têm de que, uma vez que a ciência explicou tantas outras coisas, também explicará essa.

Pode-se dizer, em certo sentido, que essa é uma variante do problema corpo-mente. Mas se recordarmos o modo como a ciência venceu os mais diferentes desafios, e o modo como o conceito de vida foi finalmente incorporado por ela após ter estado fora de seu campo de visão por um longo período, então penso que é possível perceber, em vários momentos da história – e, de fato, os séculos XVII e XVIII são exemplos especialmente claros – que os avanços científicos foram possíveis precisamente porque o próprio domínio da ciência física foi ampliado. Exemplos clássicos são as forças gravitacionais de Newton. Para os cartesianos, a ação a distância era um conceito místico; e, de fato, para o próprio Newton ela era uma propriedade oculta, uma entidade mística que não tinha lugar dentro da ciência. Para o senso comum de uma geração posterior, a ação a distância foi incorporada à ciência.

O que aconteceu foi que a noção de corpo, a noção do físico havia mudado. Para um cartesiano, um cartesiano ortodoxo – se tal pessoa aparecesse hoje –, pareceria que o comportamento dos corpos celestes não tem explicação. Certamente não existe nenhuma explicação para os fenômenos que são explicados em termos, digamos, de força eletromagnética. Porém, por meio da expansão da ciência física, que incorporou conceitos até então inacessíveis e ideias inteiramente novas, tornou-se possível construir estruturas cada vez mais e mais complexas que incorporaram um espectro mais amplo de fenômenos.

Por exemplo, certamente não é verdade que a física cartesiana seja capaz de explicar, digamos, o comportamento das partículas elementares da física, do mesmo modo que é incapaz de explicar os conceitos de vida.

De modo semelhante, creio, podemos perguntar se a ciência física tal como a conhecemos hoje – incluindo a biologia – incorpora em si os princípios e os conceitos que lhe permitirão dar conta das aptidões intelectuais humanas inatas e, mais profundamente ainda, da capacidade de fazer uso dessas aptidões em situações de liberdade do modo que os seres humanos fazem. Não vejo nenhum motivo especial para acreditar que, hoje, a biologia ou a física contenham esses conceitos. Além disso, pode ser que, para vencer o próximo desafio, para dar o próximo passo, elas terão de se concentrar nesse conceito organizador, e podem muito bem ter de ampliar seu escopo a fim de poder lidar com ele de maneira eficaz.

Foucault:
Sim.

Elders:
Talvez eu deva tentar fazer uma pergunta mais específica a partir das respostas dadas por ambos, porque, senão, temo que o debate fique técnico demais. Tenho a impressão de que uma das principais diferenças entre ambos tem origem numa diferença de abordagem. O senhor, sr. Foucault, está interessado especialmente no modo como a ciência ou os cientistas funcionam em determinado período, ao passo que o sr. Chomsky está mais interessado nos assim chamados "porquês": por que dominamos a linguagem – não apenas como ela funciona, mas qual é a *razão* para que disponhamos dela. Podemos tentar esclarecer isso de uma forma mais geral: o senhor, sr. Fou-

cault, está traçando os limites no racionalismo do século XVIII, enquanto o senhor, sr. Chomsky, está combinando o racionalismo do século XVIII com noções como liberdade e criatividade.

Talvez possamos ilustrar isso de uma forma mais geral, com exemplos dos séculos XVII e XVIII.

Chomsky:
Bem, primeiro eu gostaria de dizer que minha abordagem do racionalismo clássico não é, de fato, a de um historiador da ciência ou a de um historiador da filosofia. Eu o abordo do ponto de vista um pouco diferente de alguém que possui determinado conjunto de noções científicas e está interessado em compreender como, num estágio mais primitivo, as pessoas podem ter tateado às cegas até chegar a essas noções, possivelmente sem nem mesmo perceber para onde estavam indo.

Pode-se dizer, portanto, que eu olho a história não como um antiquário, que está interessado em decifrar o pensamento do século XVII e apresentar um relato extremamente preciso do que ele significava – não pretendo menosprezar essa atividade, apenas não é a minha –, mas, antes, do ponto de vista de, digamos, um amante da arte, que deseja olhar para o século XVII para descobrir nele coisas que tenham um valor especial e que, além disso, adquiram parte de seu valor em parte por causa da perspectiva com que ele as aborda.

Além disso, creio que, sem contestar a outra abordagem, minha abordagem é legítima. Isto é, penso que é perfeitamente possível revisitar os estágios iniciais do pensamento científico a partir do conhecimento que temos hoje e perceber quão importantes eram os pensadores, dentro das limitações de seu tempo, tateando às cegas na direção de conceitos, ideias e *insights* dos quais eles próprios não podiam estar claramente cientes.

Penso, por exemplo, que qualquer um pode fazer isso com relação a seu próprio pensamento. Sem tentar comparar a si próprio a um dos grandes pensadores do passado, qualquer um pode...

Elders:
Por que não?

Chomsky:
... olhar para...

Elders:
Por que não?

Chomsky:
Tudo bem [*risos*], qualquer um pode considerar o que sabe agora e perguntar o que sabia vinte anos atrás e perceber que, de uma forma obscura, estava esforçando para alcançar algo que somente hoje é capaz de compreender... se tiver sorte.

De modo semelhante, penso que é possível olhar para o passado sem distorcer seu ponto de vista, e é nestes termos que desejo olhar para o século XVII. Ora, quando eu revisito os séculos XVII e XVIII, o que me impressiona em especial é o modo como, por exemplo, Descartes e seus seguidores foram levados a defender o postulado de que a mente era uma substância pensante independente do corpo. As razões que eles apresentavam para defender o postulado dessa segunda substância – mente, entidade pensante – deviam-se ao fato de Descartes ter conseguido se convencer, correta ou incorretamente, no momento isso não importa, de que os acontecimentos do mundo físico e mesmo os de grande parte do mundo comportamental e psicológico – muitas das sensações, por exemplo – eram explicáveis em termos daquilo que ele considerava ser a física – erradamente, como acreditamos hoje –, isto é, em termos de coisas que se chocavam umas com as outras, que se desviavam, se moviam, e assim por diante.

Ele pensava que nesses termos, em termos do princípio mecânico, podia explicar determinado domínio dos fenômenos; além disso, percebeu, então, que havia um conjunto de fenômenos que, afirmava, não podiam ser explicados nesses termos. E, por essa razão, ele postulou um princípio criativo para dar conta daquele domínio dos fenômenos, o princípio da mente com suas próprias propriedades. E, então, seguidores que vieram mais tarde, muitos dos quais não se consideravam cartesianos – por exemplo, muitos que se consideravam antirracionalistas radicais –, desenvolveram o conceito de criação dentro de um sistema de regras.

Não quero aborrecê-los com detalhes, mas minhas próprias pesquisas sobre o assunto acabaram me levando a Wilhelm von Humboldt. Embora certamente não se considerasse um cartesiano, ele também desenvolveu o conceito de forma interiorizada – fundamentalmente, o conceito de criação livre dentro de um sistema de regras –, num esforço para lidar com algumas das mesmas dificuldades e problemas que os cartesianos enfrentaram à sua maneira. E o fez numa estrutura muito diferente, num período histórico diferente e com um *insight* diferente, de uma forma admirável e engenhosa, cuja importância perdura até hoje.

Ora, eu creio – e, neste caso, discordando de muitos dos meus colegas – que o movimento de Descartes ao postular uma segunda substância foi um movimento absolutamente científico; não foi um movimento metafísico ou anticientífico. Para dizer a verdade, bastante semelhante, em vários aspectos, ao movimento intelectual feito por Newton quando postulou a ação a distância; ele estava penetrando na esfera do oculto, se preferirem. Estava penetrando na esfera de algo que ia além da ciência reconhecida, e estava tentando integrar seu postulado a ela por meio do desenvolvimento de uma teoria em que essas noções pudessem ser esclarecidas e explicadas de maneira apropriada.

Ora, ao postular uma segunda substância, penso que Descartes fez um movimento intelectual semelhante. É claro, ele falhou onde Newton foi bem-sucedido, isto é, foi incapaz de estabelecer os fundamentos de uma teoria matemática da mente, tal como Newton e seus seguidores conseguiram quando estabeleceram os fundamentos de uma teoria matemática dos entes físicos que incorporava noções misteriosas como ação a distância e, mais tarde, forças eletromagnéticas, e assim por diante.

Penso, porém, que esse fato nos deixa com a tarefa de levar adiante e desenvolver essa – se preferirem – teoria matemática da mente. Entendo por isso simplesmente uma teoria abstrata articulada com precisão e formulada com clareza que tenha consequências empíricas, que nos permita saber se a teoria está certa ou errada, ou se está no caminho errado ou certo. E que, ao mesmo tempo, tenha as propriedades da ciência matemática, isto é, as propriedades do rigor e da precisão, e uma estrutura que nos permita deduzir conclusões a partir de hipóteses, e assim por diante.

Ora, é desse ponto de vista que tento revisitar os séculos XVII e XVIII e recolher sinais, os quais, creio, estão de fato ali, muito embora eu certamente reconheça – e, na verdade, gostaria de insistir nisto – que os indivíduos em questão podem não tê-los percebido dessa maneira.

Elders:
Sr. Foucault, imagino que o senhor discorde totalmente disso.

Foucault:
Não... somente de uma ou duas circunstâncias históricas de menor importância. Não posso contestar a descrição apresentada pelo senhor em sua análise histórica das razões e da modalidade deles. Mas existe algo que, não obstante, se poderia acrescentar: quando o senhor fala de criatividade tal como concebida por Descartes, eu me pergunto se o senhor

não transfere a ele uma ideia que é encontrada entre seus sucessores ou mesmo entre alguns de seus contemporâneos. Segundo Descartes, a mente não era tão criativa assim. Ela via, percebia e era esclarecida pela evidência.

Além do mais, o problema que Descartes jamais resolveu nem dominou completamente era o de entender como se podia passar de uma dessas ideias claras e distintas, uma dessas intuições, para outra, e que *status* deveria ser atribuído à evidência da passagem entre elas. Não consigo perceber, com precisão, nem a criação no momento em que, para Descartes, a mente compreende a verdade, nem mesmo a verdadeira criação na passagem de uma verdade para outra.

Ao contrário, penso que podemos encontrar em Pascal e Leibniz, simultaneamente, algo que está muito mais próximo daquilo que o senhor está procurando. Em outras palavras, em Pascal e em toda a corrente agostiniana do pensamento cristão podemos encontrar essa ideia de uma mente recôndita. Uma mente voltada para sua própria intimidade, que é tocada por uma espécie de inconsciência e é capaz de desenvolver suas potencialidades por meio do aprofundamento do eu. E é por essa razão que a gramática de Port-Royal, à qual o senhor se refere, é, creio, muito mais agostiniana que cartesiana.

Além disso, o senhor encontrará em Leibniz algo de que certamente gostará: a ideia de que no recôndito da mente está incorporada toda uma teia de relações lógicas que constitui, em certo sentido, o inconsciente racional da consciência, a forma ainda não esclarecida e visível da própria razão, que o mônade ou o indivíduo desenvolve pouco a pouco, e por meio do qual ele compreende o mundo inteiro. É aí que eu faria uma pequenina crítica.

Elders:
Um momento, por favor, sr. Chomsky.
Não acho que se trate de fazer uma crítica histórica, e sim de formular suas próprias opiniões acerca desses conceitos realmente fundamentais...

Foucault:
Mas as opiniões fundamentais de alguém podem ser demonstradas em análises precisas como estas.

Elders:
Sim, está certo. Mas eu me recordo de algumas passagens de *História da loucura* que descrevem os séculos XVII e XVIII em termos de repressão, supressão e exclusão, enquanto para o sr. Chomsky esse período é pleno de criatividade e individualidade.

Por que temos nesse período, pela primeira vez, asilos psiquiátricos ou manicômios fechados? Penso que esta é uma questão fundamental...

Foucault:
... a respeito da criatividade, sim!
Mas, não sei, talvez o sr. Chomsky queira falar a respeito...

Elders:
Não, não, não, prossiga. Continue.

Foucault:
Não, eu gostaria de dizer o seguinte: nas pesquisas históricas que eu pude fazer, ou que tentei fazer, não há dúvida de que deixei muito pouco espaço para aquilo que o senhor poderia chamar de criatividade dos indivíduos, para sua capacidade de criação, para sua aptidão de inventar sozinhos, de criar conceitos, teorias ou verdades científicas sozinhos.

Creio, porém, que meu problema seja diferente do problema do sr. Chomsky. Ele tem lutado contra o comportamentalismo linguístico, que não atribuía quase nada à criatividade do sujeito falante. Este era uma espécie de superfície na qual a informação ia se juntando aos poucos, sendo associada posteriormente por ele.

No campo da história da ciência ou, de maneira mais geral, da história do pensamento, o problema era completamente diferente.

Durante muito tempo, a história do conhecimento tem tentado atender a duas exigências. Uma é a exigência da *atribuição*: cada descoberta não deveria ser apenas situada e datada, mas também deveria ser atribuída a alguém; ela deveria ter um inventor e alguém responsável por ela. Por outro lado, fenômenos coletivos ou não especificados – aqueles que, por definição, não podem ser "atribuídos" a alguém – normalmente são desvalorizados: eles ainda são descritos tradicionalmente por meio de palavras como "tradição", "mentalidade", "costumes", cabendo a eles desempenhar o papel negativo de uma ruptura com relação à "originalidade" do inventor. Em poucas palavras, isso tem a ver com o princípio de soberania do sujeito aplicado à história do conhecimento. A outra exigência é aquela que não mais nos permite salvar o sujeito, mas a verdade: para que ela não seja comprometida pela história, é necessário não que a verdade se constitua em história, mas apenas que ela se revele na história. Oculta aos olhos dos homens, temporariamente inacessível, permanecendo nas sombras, ela esperará para ser revelada. A história da verdade seria essencialmente a de seu atraso, de sua queda ou do desaparecimento dos obstáculos que têm impedido, até agora, que ela se torne conhecida. A dimensão histórica do conhecimento é sempre negativa com relação à verdade. Não é difícil perceber como essas duas exigências se ajustaram uma à outra: os fenômenos de natureza coletiva, o "senso comum", os "preconceitos" dos "mitos" de um período constituíam os obstáculos que o sujeito do conhecimento tinha de superar ou aos quais tinha de sobreviver a fim de, finalmente, ter acesso à verdade; ele tinha de estar numa posição "excêntrica" a fim de "descobrir". Isso parece invocar, em determinado nível, certo "romantismo" acerca da história da ciência: a solidão do homem portador da verdade, a originalidade retomada no original por meio da história e apesar dela. Penso que a questão é, principalmente, a da sobreposição da teoria do conhecimento e do sujeito do conhecimento à história do conhecimento.

E se a compreensão da relação do sujeito com a verdade fosse apenas um resultado do conhecimento? E se o intelecto fosse uma estrutura complexa, múltipla e não individual, não "sujeita ao sujeito", que produzisse resultados autênticos? Poder-se-ia, então, apresentar de forma positiva toda essa dimensão que a história da ciência tem recusado; analisar a capacidade produtiva do conhecimento como uma prática coletiva e, consequentemente, substituir os indivíduos e seu "conhecimento" no desenvolvimento de um conhecimento que, num dado momento, funciona de acordo com determinadas regras que podem ser registradas e descritas.

O senhor me dirá que todos os historiadores marxistas têm feito isso há muito tempo. Porém, quando se observa como eles trabalham com esses fatos e, especialmente, o uso que fazem das noções de consciência, de ideologia como algo contrário à ciência, percebemos que, em sua maioria, eles estão mais ou menos afastados da teoria do conhecimento.

Seja como for, o que me preocupa é a substituição das transformações do intelecto pela história das descobertas do conhecimento. Desse modo, eu tenho, ao menos aparentemente, uma atitude completamente diferente da do sr. Chomsky a propósito da criatividade, porque para mim a questão é eliminar o dilema do sujeito cognoscente, enquanto para ele a questão é permitir que o dilema do sujeito falante reapareça.

Porém, se ele o fez reaparecer, se ele o descreveu, é porque tem condições de fazê-lo. Já faz muito tempo que os linguistas têm analisado a linguagem como um sistema que possui um valor coletivo. O intelecto como uma soma coletiva de regras que possibilitam que tais e tais conhecimentos sejam produzidos em determinado período mal foi estudado até agora. Não obstante, ele apresenta algumas características absolutamente positivas para o observador. Considere, por exemplo, a medicina no final do século XVIII; leia vinte trabalhos médicos, não importa quais, dos anos 1770 e 1780; depois outros vinte dos anos 1820 e 1830. Eu diria, de uma maneira geral, que em quarenta ou cinquenta anos tudo havia mudado; o assunto sobre o qual se falava, o modo como se falava dele, não apenas os remédios, é claro, não apenas as doenças e suas classificações, mas a própria perspectiva. Quem foi responsável por isso? Quem foi seu autor? Penso que é falso dizer que foi Bichat, ou mesmo ampliar um pouco e dizer que foram os primeiros clínicos anatomistas. Trata-se de uma transformação coletiva e complexa do conhecimento médico com relação a sua prática e a suas regras. Além do mais, essa transformação está longe de ser um fenômeno negativo. Ela representa a supressão da negatividade, a eliminação de um obstáculo, o desaparecimento de preconceitos, o abandono de velhos mitos, o recuo de crenças irracionais e o acesso, finalmente livre, à experiência e à razão. Ela representa a aplicação de uma *grille* [do francês, 'grade'] inteiramente nova, com suas escolhas e exclusões; um jogo novo com suas próprias regras, decisões e limitações, com sua própria lógica interna, seus parâmetros e becos sem saída, todos eles levando à modificação do ponto de origem. E é dentro desse processo de funcionamento que o próprio intelecto vive. Portanto, quando estudamos a história do conhecimento, percebemos que existem duas linhas gerais de análise: de acordo com uma delas, deve-se demonstrar como, sob que condições e por que razões o intelecto se modifica no que diz respeito a suas regras formadoras, sem passar por um "inventor" que descobre a "verdade"; e, de acordo com a outra, deve-se demonstrar como o funcionamento das regras de um intelecto pode produzir num indivíduo conhecimento novo e inédito. Aqui meu objetivo junta-se, com métodos imperfeitos e de uma forma bem inferior, ao projeto do sr. Chomsky, ao explicar o fato de que, algumas poucas regras ou elementos precisos, totalidades desconhecidas, que nunca foram nem produzidas, podem ser elucidadas pelos indivíduos. Para resolver este problema, o sr. Chomsky tem de reintroduzir o dilema do sujeito no campo da análise gramatical. Para resolver um problema análogo no campo da história, com o qual me encontro envolvido, é preciso fazer o oposto, de certo modo: introduzir o ponto de vista do intelecto, de suas regras, de seus sistemas, de suas transformações de totalidades no jogo do conhecimento individual. Tanto em um como no outro caso, o problema da criatividade não pode ser resolvido da mesma maneira, ou melhor, não pode ser formulado nos mesmos termos, dada a condição das disciplinas em cujo interior ele é colocado.

Chomsky:
Acredito que, em parte, estamos falando um pouco de objetivos opostos, por causa do uso diferente do termo criatividade. Devo dizer, na verdade, que o uso que eu faço do termo criatividade é um pouquinho idiossincrático e, portanto,

neste caso, o ônus cabe a mim, não ao senhor. Mas quando eu falo de criatividade, não estou atribuindo ao conceito a noção de valor que é normal quando falamos de criatividade. Isto é, quando o senhor fala de criatividade científica, está falando, corretamente, dos feitos de um Newton. Mas no contexto no qual eu tenho me referido à criatividade, trata-se de um gesto humano normal.

Estou falando do tipo de criatividade que qualquer criança demonstra quando é capaz de dar conta de uma nova situação: descrevê-la corretamente, reagir a ela adequadamente, contar algo sobre ela a alguém, pensar na situação de uma maneira nova para ela, e assim por diante. Penso que é correto chamar esses gestos de criativos, mas, é claro, sem pensar neles como se fossem os de um Newton.

De fato, pode muito bem ser *verdade* que a criatividade nas artes ou nas ciências, aquela que vai além da média, possa realmente envolver peculiaridades da, bem, eu diria, também da natureza humana, que podem não existir plenamente desenvolvidas na maioria da humanidade e podem não fazer parte da criatividade normal do dia a dia.

Ora, creio que a ciência pode alimentar a expectativa de que o problema da criatividade normal seja um tema que ela talvez possa incorporar dentro de si. Mas não creio – e suponho que o senhor há de concordar comigo – que a ciência possa alimentar a expectativa, ao menos num futuro próximo, de conseguir dar conta da verdadeira criatividade, as proezas dos artistas e cientistas de renome. Ela não tem nenhuma esperança de abrigar esses fenômenos únicos em seu campo de ação. É aos níveis mais baixos de criatividade que eu venho me referindo.

Ora, quanto àquilo que, segundo o senhor, diz respeito à história da ciência, penso que é correto e esclarecedor e especialmente relevante, na verdade, para os tipos de empreitada que temos diante de nós na psicologia, na linguística e na filosofia da mente.

Isto é, creio que certos temas foram suprimidos ou deixados de lado durante os avanços científicos dos últimos séculos.

Por exemplo, a preocupação com a criatividade de baixo nível a que me refiro também estava realmente presente em Descartes. Por exemplo, quando ele fala da diferença entre um papagaio, que é capaz de arremedar o que é dito, e um ser humano, que é capaz de dizer coisas novas que são adequadas à situação. Além disso, quando ele descreve essa capacidade como sendo a propriedade característica que marca os limites do físico e nos conduz para o universo da ciência da mente – como se diz hoje em dia –, penso que ele está se referindo, na verdade, ao tipo de criatividade que eu tenho em mente; e eu estou completamente de acordo com seus comentários a respeito das origens diferentes de tais noções.

Bem, esses conceitos, e mesmo, na verdade, toda a noção da organização da estrutura da frase, foram deixados de lado durante o período de avanços significativos que se seguiu a sir William Jones e outros e ao desenvolvimento da filologia comparativa como um todo.

Agora, porém, creio que podemos deixar para trás essa época, quando era preciso esquecer e fingir que esses fenômenos não existiam, e nos voltarmos para algo diferente. Nesta era da filologia comparativa e, também, em minha opinião, da linguística estrutural e, em grande medida, da psicologia comportamental – na verdade, em grande medida daquilo que tem origem na tradição empiricista do estudo da mente e do comportamento –, é possível deixar de lado essas restrições e levar em consideração exatamente aqueles temas que estimularam consideravelmente o pensamento e a reflexão nos séculos XVII e XVIII. E, além disso, incorporá-los no interior de uma ciência do homem muito mais ampla e, creio, mais profunda, que conferirá um papel mais pleno – embora certamente não se espere que ela nos ofereça uma compreensão perfeita – a noções como inovação, criatividade e liberdade e à produção de novos entes, novos elementos de raciocínio e comportamento dentro de algum sistema de regras e esquematismo. Creio que são estes os conceitos com os quais temos de nos haver.

Elders:
Bem, antes de mais nada, gostaria de pedir que as respostas não fossem tão compridas. [*Foucault ri.*]

Quando os senhores discutem a criatividade e a liberdade, penso que um dos mal-entendidos – se é que surgiu algum – tem que ver com o fato de o sr. Chomsky partir de um número limitado de regras com infinitas possibilidades de aplicação, ao passo que o senhor, sr. Foucault, enfatiza a inevitabilidade da *grille* dos nossos determinismos histórico e psicológico, que também se aplica ao modo como descobrimos novas ideias.

Talvez possamos esclarecer isso, não analisando o processo científico, mas simplesmente analisando nosso próprio processo de raciocínio.

Sr. Foucault, quando o senhor descobre uma ideia fundamental original, o senhor acredita que, no que diz respeito a sua própria criatividade pessoal, aconteça algo que faz que o senhor sinta que está sendo libertado, que algo novo se revelou? Talvez mais tarde o senhor descubra que a ideia não era tão original. Mas o senhor próprio acredita, bem no seu íntimo, que a criatividade e a liberdade estão trabalhando juntas, ou não?

Foucault:
Ah, sabe, não creio que a questão da experiência pessoal seja assim tão importante...

Elders:
Por que não?

Foucault:
... num assunto como esse. Não, na verdade acredito que existe uma grande semelhança entre o que o sr. Chomsky disse e o que eu tentei demonstrar. Em outras palavras, o que de fato existe são criações possíveis, inovações possíveis. Em termos de linguagem ou de conhecimento, só se pode criar algo novo aplicando determinado número de regras que definirão a aceitabilidade ou a gramaticalidade dessas afirmações, ou que definirão, no caso do conhecimento, o caráter científico das afirmações.

Assim, podemos dizer, de modo geral, que antes do sr. Chomsky os linguistas insistiam principalmente nas regras de interpretação das afirmações e menos na inovação representada por cada nova afirmação, ou em ouvir uma nova afirmação. Além disso, na história da ciência ou na história do pensamento, enfatizávamos mais a criação individual, deixando de lado e relegando ao esquecimento essas regras populares e correntes que, de forma obscura, se manifestam através de cada descoberta científica, de cada invenção científica e mesmo de cada inovação filosófica.

E, desse modo, quando penso – erradamente, sem dúvida – estar dizendo algo original, ainda assim estou ciente da existência de regras atuando em minha afirmação, não somente regras linguísticas, mas também regras epistemológicas, e essas regras caracterizam o conhecimento contemporâneo.

Chomsky:
Bem, talvez eu possa tentar responder a esses comentários dentro dos limites de minha própria estrutura, de uma maneira que talvez esclareça um pouco isso.

Imaginemos novamente uma criança, que tem na mente um esquematismo que determina o tipo de linguagem que ela pode aprender. Muito bem. E então, dada a experiência, ela aprende com extrema rapidez a linguagem, da qual essa experiência faz parte ou na qual está incluída.

Ora, este é um ato comum, isto é, é um ato intelectual comum, mas é um ato extremamente criativo.

Se um marciano observasse o processo de obtenção desse vasto, complexo e intrincado sistema de conhecimento a partir dessa quantidade de informação ridiculamente pequena, ele o consideraria um imenso ato de invenção e criação. Na verdade, creio que o marciano o consideraria um ato de invenção tanto quanto, digamos, qualquer aspecto de uma teoria física elaborada a partir das informações que foram apresentadas ao físico.

Contudo, se esse hipotético marciano passasse a observar que toda criança executa diretamente esse ato criativo e que todas elas o fazem da mesma maneira e sem nenhuma dificuldade – enquanto são necessários séculos de genialidade para executar vagarosamente o ato criativo que vai da evidência à teoria científica –, então esse marciano concluiria, se fosse um ser racional, que a estrutura do conhecimento que é adquirida no caso da linguagem é basicamente inerente à mente humana, enquanto a estrutura da física não é, de uma maneira tão direta, inerente à mente humana. Nossas mentes não são formadas de tal maneira que, quando observamos os fenômenos do mundo, a física teórica se nos apresenta e nós a descrevemos e criamos; não é assim que nossas mentes são formadas.

No entanto, penso que existe um possível ponto de conexão e que pode ser útil desenvolvê-lo, isto é, o que faz que sejamos capazes de elaborar praticamente qualquer tipo de teoria científica? O que faz que, dada uma pequena quantidade de informação, seja possível que vários cientistas, e mesmo vários gênios, consigam chegar, durante um longo período de tempo, a algum tipo de teoria que, pelo menos em alguns casos, é mais ou menos profunda e mais ou menos adequada empiricamente?

Trata-se de fato admirável.

E, de fato, se não fosse verdade que esses cientistas, incluindo os gênios, estivessem partindo de um leque bem limitado quanto à categoria das possíveis teorias científicas; se eles, de alguma forma, não trouxessem incorporada em suas mentes uma especificação obviamente inconsciente do que é uma possível teoria científica, então esse salto indutivo com certeza seria totalmente impossível. O mesmo ocorre com a criança: se ela não trouxesse incorporado em sua mente o conceito de linguagem humana dentro de limites estreitos, então o salto indutivo das informações para o conhecimento de uma linguagem seria impossível.

Assim, muito embora o processo de, digamos, deduzir o conhecimento da física a partir de informações seja muito mais complexo, muito mais difícil para um organismo como o nosso – e se estenda muito mais no tempo, exigindo a intervenção do gênio e assim por diante –, não obstante, em certo sentido, a façanha de descobrir a física, a biologia ou qualquer outra coisa baseia-se em algo muito semelhante à façanha de uma criança normal que descobre a estrutura da sua língua, isto é, essa façanha *tem* de ser realizada com base num leque inicial limitado, restrito quanto à categoria das teorias possíveis. Se não se começasse sabendo que somente certas ideias significam possíveis teorias, então nenhuma indução jamais seria possível. A partir das informações, você poderia ir para qualquer lado, em qualquer direção. Além disso, o fato de que a ciência converge e avança demonstra que tais limitações e estruturas iniciais existem.

Se realmente queremos desenvolver uma teoria da criação científica, ou, a esse respeito, da criação artística, penso que devemos concentrar a atenção precisamente naquele conjunto de condições que, por um lado, delimita e restringe o escopo de nosso conhecimento possível, enquanto, ao mesmo tempo, permite o salto indutivo para sistemas complexos de conhecimento a partir de uma pequena quantidade de informações. Parece-me que esse seria o método para avançar com respeito a uma teoria da criatividade científica, ou, na verdade, com respeito a qualquer questão epistemológica.

Elders:
Bem, penso que se considerarmos esse aspecto da limitação inicial com todas as suas possibilidades criativas, tenho a impressão de que para o sr. Chomsky regras e liberdade não se opõem umas às outras, mas se vinculam mais ou menos umas às outras. Ao passo que eu fico com a impressão de que é precisamente o contrário para o senhor, sr. Foucault. Quais são seus motivos para apresentar esse tema de maneira oposta? Pois este é um ponto fundamental do debate, e espero que possamos esclarecê-lo.

Formulando o mesmo problema em outros termos: o senhor é capaz de pensar no conhecimento universal sem nenhuma forma de repressão?

Foucault:
Bem, naquilo que o sr. Chomsky acabou de dizer existe algo que me parece criar uma pequena dificuldade; talvez eu tenha entendido mal.

Creio que o senhor tem falado acerca de um número limitado de possibilidades no ordenamento de uma teoria científica. Isso é verdade se nos limitarmos a um período de tempo razoavelmente curto, qualquer que seja ele. Mas se considerarmos um período mais longo, parece-me que o que é impressionante é a proliferação de possibilidades por meio de divergências.

Existe há muito tempo a ideia de que as ciências e o conhecimento seguiam certa linha de "progresso", obedecendo ao princípio de "crescimento" e ao princípio da convergência de todos esses tipos de saber. E, no entanto, quando se observa como o conhecimento europeu – que acabou se tornando um conhecimento de alcance mundial e universal do ponto de vista histórico e geográfico – se desenvolveu, será que se pode dizer que houve crescimento? Quanto a mim, eu diria que se tratou muito mais de uma questão de transformação.

Considerem, por exemplo, as classificações dos animais e das plantas. Quantas vezes elas têm sido reescritas desde a Idade Média segundo regras completamente diferentes: pelo simbolismo, pela história natural, pela anatomia comparada, pela teoria da evolução. Cada nova versão torna o conhecimento completamente diferente em suas funções, em sua organização, em suas relações internas. O que se tem aí é um princípio de divergência, muito mais do que de crescimento. Eu diria, antes, que existem muitas maneiras diferentes de tornar possíveis, simultaneamente, alguns tipos de conhecimento. Portanto, existe sempre, de certo ponto de vista, um excesso de *informação* com relação aos possíveis sistemas em determinado período, o que faz que eles sejam conhecidos dentro de seus limites, mesmo em sua deficiência, o que significa que não se consegue perceber sua criatividade. E, de outro ponto de vista, o do historiador, existe um excesso, uma proliferação de sistemas para uma pequena quantidade de *informação*, daí a ideia amplamente difundida de que o que determina o movimento na história da ciência é a descoberta de novos fatos.

Chomsky:
Aqui, uma vez mais, permita-me tentar sintetizar um pouco. Concordo com sua concepção de progresso científico; isto é, não acredito que o progresso científico seja simplesmente uma questão de acréscimo acumulado de conhecimento novo e de absorção de novas teorias, e assim por diante. Penso, antes, que ele tem uma espécie de padrão irregular que o senhor descreve, abandonando determinados problemas e pulando para novas teorias...

Foucault:
E transformando o dito conhecimento.

Chomsky:
Certo. Mas creio que seja possível arriscar uma explicação para isso. Fazendo uma supersimplificação grosseira – na verdade, não se deve tomar de maneira literal o que vou dizer –, pode-se considerar que as seguintes linhas gerais de uma explicação estão corretas: é como se, na condição de seres hu-

manos portadores de um organismo especial biologicamente determinado, nós tenhamos em nossas cabeças, para começar, determinado conjunto de estruturas intelectuais possíveis, de possíveis conhecimentos. Tudo bem?

Ora, quando, por felicidade, acontece de algum aspecto da realidade conter a propriedade de uma das estruturas existentes em nossa mente, então temos um exemplo de conhecimento. Isso quer dizer que, afortunadamente, a estrutura da nossa mente e a estrutura de algum aspecto da realidade coincidem o bastante para que possamos desenvolver um conhecimento inteligível.

É exatamente essa limitação inicial que existe em nossa mente quanto a certo tipo de conhecimento possível que proporciona a enorme riqueza e criatividade do conhecimento científico. É importante ressaltar que – e isso tem que ver com o seu argumento a respeito de limitação e liberdade –, não fossem essas limitações, não existiria o ato criativo de partir de uma pequena quantidade de conhecimento e experiência para chegar a um conjunto de conhecimentos ricos, extremamente articulados e complexos. Porque se qualquer coisa fosse possível, então nada seria possível.

Mas é justamente por causa dessa propriedade que a nossa mente tem, a qual não compreendemos em detalhe, mas que, penso, podemos começar a perceber de uma forma mais geral, que nos apresenta certas estruturas inteligíveis possíveis que, ao longo da história, do *insight* e da experiência, começam a ocupar ou a deixar de ocupar o centro de nossa atenção, e assim por diante; penso que é justamente por causa dessa propriedade que a nossa mente tem que o progresso da ciência apresenta esse caráter errático e irregular que o senhor descreve.

Isso não quer dizer que, no final das contas, tudo acabe caindo no domínio da ciência. Pessoalmente, acredito que muitas das coisas que gostaríamos de entender – e talvez as coisas que *mais* gostaríamos de entender, tais como a natureza humana ou a natureza de uma sociedade decente, ou inúmeras outras coisas – talvez fiquem de fora do âmbito do possível conhecimento científico humano.

Elders:
Bem, creio que estamos mais uma vez diante da questão da relação íntima entre limitação e liberdade. Sr. Foucault, o senhor concorda com a afirmação sobre a combinação entre limitação, limitação fundamental...

Foucault:
Não é uma questão de combinação. A criatividade só é possível quando se põe em funcionamento um sistema de regras; não se trata de uma mistura de ordem e liberdade.

O ponto em que eu talvez não esteja completamente de acordo com o sr. Chomsky é quando ele situa o princípio dessas regulamentações, de certo modo, no interior da mente ou da natureza humana.

Se a questão é saber se essas regras são, de fato, postas em funcionamento pela mente humana, tudo bem; tudo bem, também, se a questão é saber se, por sua vez, o historiador e o linguista podem refletir sobre isso. Também não vejo problema em dizer que essas regras devem permitir que compreendamos aquilo que é falado ou pensado por esses indivíduos. Mas dizer que essas regulamentações estão conectadas, como precondição da existência, à mente humana ou a sua natureza, é algo difícil de aceitar para mim. Parece-me que, antes de chegar a esse ponto – e, seja como for, estou me referindo apenas ao conhecimento –, devemos reinseri-las no âmbito de outras práticas humanas, como a economia, a tecnologia, a política, a sociologia, que podem servir-lhes como condições de formação, de modelos, de lugar, de surgimento etc. Gostaria de saber por que não se pode descobrir o sistema de regularidade, de limitação – que torna a ciência possível – em outro lugar, mesmo fora da mente humana, nos sistemas sociais, nas relações de produção, na luta de classes etc.

Por exemplo, o fato de a loucura ter se tornado, em certa época, um objeto de pesquisa científica e um objeto de saber no Ocidente, parece-me estar ligado a uma situação econômica e social específica.

Talvez a diferença entre o sr. Chomsky e eu seja que, quando fala de ciência, ele provavelmente está pensando na organização formal do conhecimento, enquanto eu estou falando do conhecimento em si, ou seja, eu penso no conteúdo de diversos conhecimentos que se encontram dispersos numa sociedade específica, que permeiam a sociedade e que se afirmam como o fundamento da educação, das teorias, das práticas etc.

Elders:
Mas o que essa teoria do conhecimento significa para seu tema da morte do homem ou do fim da era dos séculos XIX e XX?

Foucault:
Mas isso não tem nenhuma relação com o que estamos falando.

Elders:
Não sei, porque eu estava tentando aplicar aquilo que o senhor disse sobre a sua teoria antropológica. O senhor já se recusou a falar a respeito de sua própria criatividade e liberdade, não é? Bem, fico pensando quais seriam os motivos psicológicos para este...

Foucault:
[*Protestando.*] Bem, o senhor pode ficar pensando, mas não posso fazer nada a esse respeito.

Elders:
Ah, bem.

Foucault:
Eu não estou pensando nisso.

Elders:
Mas quais são as razões objetivas, em relação a sua concepção de entendimento, de conhecimento, de ciência, para se recusar a responder a estas perguntas pessoais?

Quando existe um problema para o senhor responder, quais são os motivos para transformar em problema uma questão pessoal?

Foucault:
Não, não estou transformando em problema uma questão pessoal, faço de uma questão pessoal a ausência de um problema.

Permita-me usar um exemplo bem simples, que eu não vou analisar, mas que é o seguinte: como foi possível que os homens começassem, no final do século XVIII, pela primeira vez na história do pensamento e do conhecimento ocidentais, a dissecar os cadáveres das pessoas a fim de saber qual era a fonte, a origem, o indicador anatômico da doença específica que era responsável por suas mortes?

A ideia parece bastante simples. Bem, foram necessários 4 ou 5 mil anos de medicina ocidental para que tivéssemos a ideia de procurar a causa da doença na lesão de um cadáver.

Creio que não haveria interesse em tentar explicar isso pela personalidade de Bichat. Se, ao contrário, tentássemos definir o lugar da doença e da morte na sociedade do final do século XVIII, e que interesse a sociedade industrial tinha, de fato, em quadruplicar a população a fim de se expandir e se desenvolver, resultando em avaliações médicas da sociedade, na abertura de grandes hospitais etc.; se tentássemos descobrir como o conhecimento médico se tornou institucionalizado naquele período, como suas relações com outros tipos de conhecimento foram ordenadas, bem, então poderíamos perceber como a relação entre a doença, os pacientes hospitalizados, a pessoa doente, o cadáver e a anatomia patológica tornou-se possível.

Eis aqui, acredito, um tipo de análise que eu não digo que é nova, mas que, seja como for, tem sido extremamente desconsiderada, e fatos pessoais não têm quase nada a ver com isso.

Elders:
Sim, mas, não obstante, teria sido muito interessante que nós pudéssemos conhecer um pouco mais acerca dos seus argumentos para refutar isso.

Sr. Chomsky, o senhor poderia – e, no que me diz respeito, esta é minha última pergunta sobre a parte filosófica do debate – expor suas ideias sobre, por exemplo, o modo como as ciências humanas estão trabalhando? Penso, neste caso, especialmente nos seus violentos ataques ao comportamentalismo. Além disso, talvez o senhor pudesse até mesmo explicar um pouco o modo como o sr. Foucault está trabalhando agora, de uma forma mais ou menos comportamental. [*Ambos os filósofos riem.*]

Chomsky:
Eu gostaria de me afastar de contornar sua orientação só por um instante, apenas para fazer um comentário sobre o que o sr. Foucault acabou de dizer.

Creio que isso ilustra muito bem o modo como estamos cavando a montanha, partindo de direções opostas, para usar sua imagem original. Isto é, penso que um ato de criação científica depende de dois fatores: um, uma propriedade intrínseca da mente; outro, a existência de um conjunto de condições sociais e intelectuais. E, do meu ponto de vista, não se trata de uma questão de decidir qual deles devemos investigar; ao contrário, nós compreenderemos a descoberta científica – e, de maneira semelhante, qualquer outro tipo de descoberta – quando soubermos o que são esses fatores e pudermos, portanto, explicar como eles interagem de uma forma particular.

Meu interesse específico, ao menos nessa conexão, é com as capacidades intrínsecas da mente; a sua, como o senhor diz, é com a organização específica da condição social, econômica e outras.

Foucault:
Mas eu não creio que a diferença esteja relacionada com a nossa personalidade, porque senão teríamos de concluir que o sr. Elders está certo, o que não pode ser.

Chomsky:
Não, eu concordo, e...

Foucault:
Está relacionada ao estado do conhecimento, do saber no qual estamos trabalhando. A linguística com a qual o senhor está familiarizado, e que o senhor conseguiu transformar, excluía a importância do sujeito criativo, do sujeito criativo falante, enquanto a história da ciência tal como existia quando as

pessoas da minha geração estavam começando a trabalhar, ao contrário, exaltava a criatividade individual...

Chomsky:
Sim.

Foucault:
... e deixavam de lado essas regras coletivas.

Chomsky:
Sim, sim.

Pergunta:
Ah...

Elders:
Sim, prossiga por favor.

Pergunta:
Ela retoma um pouco a sua discussão, mas o que eu gostaria de saber, sr. Chomsky, é isto: o senhor pressupõe um sistema básico daquilo que deve ser, de certo modo, limitações elementares que estão presentes no que o senhor chama de natureza humana. Até que ponto o senhor acredita que estão sujeitas à mudança histórica? O senhor acredita, por exemplo, que elas se transformaram substancialmente desde, digamos, o século XVII? Nesse caso, o senhor talvez pudesse ligar isso com as ideias do sr. Foucault?

Chomsky:
Bem, penso que, como uma questão de realidade biológica e antropológica, a natureza da inteligência humana certamente não mudou de forma essencial desde o século XVII ou, provavelmente, desde o homem de Cro-Magnon. Isto é, creio que as propriedades fundamentais da nossa inteligência, aquelas que se encontram no âmbito daquilo que estamos discutindo esta noite, certamente são muito antigas e que, se você pegasse um homem de 5 mil ou, talvez, 20 mil anos atrás e o colocasse como uma criança dentro da sociedade atual, ele aprenderia o que todo o mundo aprende, e ele seria um gênio, um louco ou outra coisa, mas ele não seria fundamentalmente diferente.

É claro, porém, que o nível de conhecimento adquirido muda, as condições sociais mudam – aquelas condições que permitem que uma pessoa pense livremente e rompa os grilhões, digamos, da coação supersticiosa. E, à medida que as condições mudam, determinada inteligência humana avançará para novas formas de criação. Na verdade, isto está relacionado muito intimamente com a última pergunta que o sr. Elders fez, se eu puder, quem sabe, dizer uma palavra sobre ela.

Considerem a ciência comportamental e pensem nela nesses contextos. Parece-me que a característica fundamental do comportamentalismo – que, de certo modo, a estranha expressão "ciência comportamental" sugere – é que ele é a negação da possibilidade de desenvolver uma teoria científica. Isto é, o que define o comportamentalismo é a hipótese muito estranha e autodestrutiva de que você não tem permissão para criar uma teoria interessante.

Se a física, por exemplo, tivesse levantado a hipótese de que deveríamos nos ater aos fenômenos e sua organização e coisas desse tipo, a astronomia hoje continuaria igual à do tempo dos babilônios. Felizmente, os físicos nunca levantaram essa hipótese ridícula e extemporânea, que tem suas próprias razões históricas e que tinha que ver com toda sorte de fatos curiosos acerca do contexto histórico em que o comportamentalismo evoluiu.

Considerando o ponto de vista puramente intelectual, porém, o comportamentalismo significa a insistência arbitrária de que não se deve criar uma teoria científica do comportamento humano; ao contrário, devemos lidar diretamente com os fenômenos e sua inter-relação, e nada mais – algo totalmente impossível em qualquer outro campo, e, suponho, igualmente impossível no campo da inteligência ou do comportamento humanos. Portanto, nesse sentido, não creio que o comportamentalismo seja uma ciência. Aqui está um caso que se refere justamente ao tipo de coisa que o senhor mencionou e que o sr. Foucault está discutindo: sob determinadas circunstâncias históricas, por exemplo, aquelas em que a psicologia experimental se desenvolveu, era interessante e possivelmente importante – por uma razão sobre a qual não vou me estender – impor algumas restrições muito estranhas acerca do tipo de construção de teoria científica que era permitido, e essas restrições muito estranhas são conhecidas como comportamentalismo. Bem, desde há muito tempo ele tem seguido seu caminho, creio. Qualquer que seja o valor que ele possa ter tido em 1880, ele não tem nenhuma função hoje exceto a de confinar e limitar a investigação científica. Portanto, ele poderia simplesmente ser dispensado, do mesmo modo que se dispensaria um físico que dissesse: você não tem permissão para desenvolver uma teoria geral da física, você só pode marcar os movimentos dos planetas e elaborar mais epiciclos, e assim por diante. A gente não faz caso disso e deixa isso de lado. Do mesmo modo, deveríamos deixar de lado as restrições muito curiosas que definem o comportamentalismo; restrições que são, como disse antes, fortemente sugeridas pelo próprio termo "ciência comportamental".

Talvez possamos concordar que, num sentido amplo, o comportamento constitui os dados para a ciência do homem. Mas definir uma ciência por meio de seus dados seria definir a física como a teoria da leitura métrica. E se um físico dissesse: sim, estou envolvido na ciência de leitura métrica, poderíamos ter certeza de que ele não chegaria muito longe. Ele poderia conversar sobre leituras métricas e as correlações entre elas e certas coisas, mas nunca criaria uma teoria física.

E, portanto, neste caso, o próprio termo é sintomático da doença. Deveríamos compreender o contexto histórico no qual essas curiosas limitações se desenvolveram, e, tendo-as compreendido, acredito, descartá-las e prosseguir na ciência do homem, como faríamos em qualquer outro campo, isto é, descartando completamente o comportamentalismo e, na verdade, na minha visão, toda a tradição empiricista da qual ele evoluiu.

Pergunta:
Portanto, o senhor não está disposto a ligar sua teoria sobre limitações inatas com a teoria do sr. Foucault da *grille*. Pode haver certa conexão. Veja, o sr. Foucault diz que uma explosão de criatividade em certa direção automaticamente transfere o conhecimento para outra direção, por meio de um sistema de *grilles*. Bem, se o senhor tivesse um sistema variável de limitações, ele poderia ser conectado.

Chomsky:
Bem, creio que a razão para o que ele descreve seja diferente. Uma vez mais, estou fazendo uma supersimplificação. Existem mais possíveis ciências disponíveis intelectualmente. Quando testamos essas construções intelectuais num mundo real em constante mudança, não encontramos o crescimento cumulativo. O que encontramos são saltos estranhos: temos aqui um campo de fenômenos, determinada ciência adapta-se bem; agora, amplie um pouquinho o âmbito dos fenômenos, e acontece de outra ciência, que é muito diferente, adaptar-se muito bem, talvez deixando de fora alguns desses outros fenômenos. Tudo bem, isso é o progresso científico, e ele leva à omissão ou ao abandono de certos campos. Mas penso que a razão para isso é exatamente esse conjunto de princípios – que, infelizmente, desconhecemos, o que torna toda a discussão meio abstrata – que define para nós o que é uma estrutura intelectual possível, uma possível ciência profunda, se preferirem.

Elders:
Bem, vamos passar agora para a segunda parte da discussão, para a política. Antes de mais nada, gostaria de perguntar ao sr. Foucault por que ele se interessa tanto pela política, porque ele me disse que, na verdade, gosta muito mais da política do que da filosofia.

Foucault:
Em todo caso, eu nunca me preocupei com a filosofia. Mas isso não é um problema. [*Ele ri.*]

Sua pergunta é: por que tenho tanto interesse pela política? Porém, se eu fosse dar uma resposta bem simples, eu diria o seguinte: *por que* eu não deveria me interessar? Em outras palavras, que cegueira, que surdez, que densidade ideológica teria de me prostrar para impedir que eu me interessasse por aquilo que é provavelmente o tema mais crucial da nossa existência, em outras palavras, a sociedade em que vivemos, as relações econômicas em cujo interior ela funciona e o sistema de poder que define as formas e as permissões e proibições regulares de nossa conduta. Afinal de contas, a essência da nossa vida consiste no funcionamento político da sociedade na qual nos encontramos.

Assim, não posso responder à pergunta: por que eu deveria me interessar pela política? Só poderia respondê-la com outra pergunta: por que não?

Elders:
Você está obrigado a se interessar, não é isso?

Foucault:
Sim, pelo menos não existe nada de estranho aqui que valha a pena perguntar ou responder. O que constitui um problema é o desinteresse pela política. Portanto, em vez de dirigir a pergunta a mim, o senhor deveria perguntar a alguém que não esteja interessado pela política, e, então, sua pergunta seria bem fundamentada e o senhor teria o direito de dizer: "Nossa, por que diabos você não está interessado?" [*Eles riem e o público também.*]

Elders:
Bem, sim, talvez. Sr. Chomsky, estamos todos muito interessados em conhecer seus objetivos políticos, especialmente com relação ao seu conhecido anarcossindicalismo, ou, como o senhor formulou, socialismo libertário. Quais são os objetivos mais importantes do seu socialismo libertário?

Chomsky:
Eu vou deixar de lado a urgência de responder à pergunta anterior, muito interessante, que o senhor me fez e passar para esta.

Permitam-me iniciar fazendo referência a algo que já discutimos, isto é, *se* isto está correto, como acredito que esteja, que um elemento fundamental da natureza humana é a necessidade de um trabalho criativo, de uma pesquisa criativa, de uma criação livre, sem o efeito restritivo arbitrário de instituições coercitivas. Segue-se disso, então, que uma sociedade decente deveria maximizar as possibilidades para que essa característica humana fundamental fosse concretizada. Isso significa tentar superar os elementos de repressão, opressão, destruição e coerção que existem em qualquer sociedade atual – a nossa, por exemplo – como um resíduo histórico.

Ora, qualquer forma de coerção ou repressão, qualquer forma de controle autocrático de alguma esfera de ação da existência – digamos, a propriedade privada do capital ou o controle por parte do Estado de alguns aspectos da vida humana –, qualquer restrição autocrática desse tipo em alguma área da iniciativa humana pode ser justificada, *se é que pode, somente* em termos da necessidade de subsistência, de sobrevivência, de se defender contra uma destruição horrível ou algo desse tipo. Ela não pode ser justificada intrinsecamente. Ao contrário, ela deve ser superada e eliminada.

Além do mais, penso que, ao menos nas sociedades ocidentais tecnologicamente avançadas, certamente estamos agora numa situação em que o trabalho monótono sem sentido pode ser em grande parte eliminado e, na escala marginal em que ele é necessário, pode ser partilhado pela população. Lugares em que o controle autocrático centralizado, em primeiro lugar, das instituições econômicas – entendidas aqui tanto como o capitalismo privado ou o totalitarismo do Estado ou as diversas formas mistas de capitalismo de Estado que existem aqui e ali – tornaram-se um resquício destrutivo da história.

Todos esses resquícios devem ser destruídos e eliminados em prol da participação direta, sob a forma de conselhos de trabalhadores ou outras associações livres que os próprios indivíduos irão estabelecer em defesa da sua vida em sociedade e do seu trabalho produtivo.

Ora, o que eu chamo de anarcossindicalismo seria um sistema federado e descentralizado de associações livres que incorporasse tanto instituições econômicas como outras instituições sociais. E, além disso, parece-me que essa é a forma adequada de organização social para uma sociedade tecnológica avançada, na qual os seres humanos não têm de ser obrigados a se transformar em ferramentas, engrenagens de uma máquina. Não existe mais nenhuma necessidade social para que os seres humanos sejam tratados como elementos mecânicos no processo de produção; isso pode ser superado, e devemos fazê-lo por meio de uma sociedade em que existam a liberdade e a livre associação, na qual o impulso criativo que eu considero intrínseco à natureza humana seja, de fato, capaz de se realizar da maneira que quiser.

E uma vez mais, assim como o sr. Foucault, não consigo entender que possa existir algum ser humano que não se interesse por esse assunto. [*Foucault ri.*]

Elders:
Sr. Foucault, após ouvir a declaração do sr. Chomsky, o senhor acredita que, de alguma forma, podemos chamar nossas sociedades de democráticas?

Foucault:
Não, não acredito nem por um instante que se possa considerar nossa sociedade como democrática. [*Ri.*]

Se entendemos por democracia o exercício efetivo do poder por uma população que não está dividida nem hierarquizada em classes, parece evidente que estamos bem distantes da democracia. Não há a menor dúvida de que vivemos sob um regime de ditadura de classe, de um poder de classe que se impõe pela violência, mesmo quando os instrumentos dessa violência são institucionais e constitucionais, e, segundo a definição anterior, não podemos falar em democracia.

Bem, quando o senhor me perguntou por que eu me interessava por política, eu me recusei a responder porque me parecia evidente. Mas talvez sua pergunta fosse: de que maneira eu me interessava pela política?

E se o senhor tivesse feito essa pergunta – e em certo sentido eu poderia dizer que fez – eu responderia que avancei muito menos que o sr. Chomsky, que não vou tão longe quanto ele. Isso quer dizer que eu admito que não sou capaz de definir – nem, por razões mais profundas, propor – um modelo social ideal para o funcionamento da nossa sociedade científica ou tecnológica.

Por outro lado, uma das tarefas que me parecem imediatas e urgentes, acima de qualquer outra coisa, é esta: apontar e desmascarar, mesmo quando estão ocultas, todas as relações de poder político que, na verdade, controlam o corpo social e o oprimem ou reprimem.

O que eu quero dizer é o seguinte: é comum, pelo menos na sociedade europeia, considerar que o poder está localizado nas mãos do governo e que ele é exercido por meio de certo número de instituições específicas, como a administração pública, a polícia, o exército e o aparelho de Estado. Sabe-se que todas essas instituições são feitas para elaborar e transmitir certo número de decisões em nome da nação ou do Estado, para fazer que elas sejam aplicadas e para punir aqueles que não obedecem. Creio, porém, que o poder político também é exercido por intermédio de certo número de instituições que, aparentemente, não têm nada em comum com o poder político, como se fossem independentes dele, o que não é verdade.

Isso é sabido no que diz respeito à família, e sabemos que a universidade e, de maneira geral, todos os sistemas de ensino, que aparentemente apenas difundem o conhecimento, são feitos para manter determinada classe social no poder e para excluir os instrumentos de poder de outra classe social. Instituições ligadas ao conhecimento, à previdência e à assistência, como a medicina, também ajudam a sustentar o poder político. Isso também é evidente, chegando a ser escandaloso, em certos casos relacionados à psiquiatria.

Parece-me que a verdadeira tarefa política, em uma sociedade como a nossa, é criticar o funcionamento das instituições, que dão a impressão de ser neutras e independentes; criticá-las e atacá-las de tal maneira que a violência política, que sempre foi exercida de maneira obscura, por meio delas seja desmascarada, para que se possa combatê-las.

Essa crítica e essa luta parecem-me fundamentais por diferentes razões: primeiramente, porque o poder político tem raízes mais profundas do que se imagina; existem núcleos e pontos de apoio invisíveis e pouco conhecidos; sua verdadeira resistência e solidez talvez se localizem onde ninguém espera encontrá-las. Provavelmente não basta dizer que por trás dos governos e do aparelho de Estado existe uma classe dominante; é preciso revelar o local da ação, os espaços e as formas como essa dominação é exercida. Além disso, como essa dominação não é simplesmente a expressão em termos políticos da exploração econômica, ela é seu instrumento e, em larga medida, a condição que a torna possível, a eliminação de uma é alcançada por meio da compreensão exaustiva da outra. Bem, se não conseguimos identificar esses pontos de apoio do poder de classe, corremos o risco de permitir que eles continuem existindo e observar esse poder de classe se reconstituir mesmo após um aparente processo revolucionário.

Chomsky:
Sim, sem dúvida, eu concordo com isso, não apenas na teoria, mas também na prática. Isto é, existem duas tarefas intelectuais: uma – a que eu estava discutindo – é tentar criar a visão de uma futura sociedade justa, isto é, criar, se preferirem, uma teoria social humanista que seja baseada, se possível, num conceito claro e humano da essência humana ou da natureza humana. Esta é uma das tarefas.

A outra tarefa é entender bem claramente a natureza do poder, da opressão, do terror e da destruição em nossa própria sociedade. E isso certamente inclui as instituições que o senhor mencionou, bem como as principais instituições de qualquer sociedade industrial, a saber, as instituições econômicas, comerciais e financeiras e, especialmente, num futuro próximo, as grandes corporações multinacionais, que não estão muito longe de nós fisicamente esta noite [i.e., a Philips, em Eindhoven].

Essas são as instituições básicas de opressão, coerção e controle autocrático que aparentam ser neutras, apesar de tudo o que dizem. Bem, estamos sujeitos à democracia do mercado, e isso precisa ser entendido exatamente em termos de seu poder autocrático, incluindo a forma específica de controle autocrático que resulta da dominação das forças de mercado numa sociedade desigual.

Não há dúvida de que precisamos compreender essa realidade, e não somente compreendê-la, mas combatê-la. E, na verdade, no que diz respeito aos envolvimentos políticos de cada um, em que cada um gasta a maior parte de sua energia e esforço, parece-me que, certamente, devem ser nessa área. Não quero dar exemplos pessoais, mas meus esforços e energias certamente estão voltados para essa área, e eu pressuponho que seja assim com todo o mundo.

Não obstante, seria lamentável se deixássemos inteiramente de lado a tarefa filosófica um pouco mais abstrata de tentar esboçar as conexões entre um conceito de natureza humana que dá um amplo espaço à liberdade, à dignidade e à criatividade e outras características humanas fundamentais, e de associar isso a uma ideia de estrutura social na qual esses atributos pudessem virar realidade e na qual houvesse lugar para uma vida humana plena de sentido.

E, na verdade, se estamos pensando em transformação social ou em revolução social – embora fosse absurdo, é claro, tentar esboçar em detalhe o objetivo que esperamos alcançar –, ainda assim deveríamos saber um pouco para onde estamos indo, e uma teoria como essas pode nos revelar isso.

Foucault:
Sim, mas não existe um perigo aqui? Se o senhor diz que existe determinada natureza humana, que a sociedade não proporcionou a essa natureza humana os direitos e as possibilidades que lhe permitam se realizar... creio que é isso que o senhor na verdade disse.

Chomsky:
Sim.

Foucault:
E se aceitarmos isso, não nos arriscamos a definir essa natureza humana – que é ao mesmo tempo ideal e real, e que tem estado oculta e reprimida até agora – em termos emprestados de nossa sociedade, de nossa civilização, de nossa cultura?

Vou dar um exemplo simplificando bastante a questão. O marxismo de determinado período, do final do século XIX e do início do século XX, admitia, de fato, que nas sociedades capitalistas o homem não havia concretizado plenamente seu potencial de desenvolvimento e de autorrealização, que a natureza humana se encontrava realmente alienada no sistema capitalista. E ele sonhava com uma natureza humana por fim liberada.

Que modelo ele usou para conceber, projetar e, finalmente, tornar real aquela natureza humana? Foi, na verdade, o modelo burguês.

O marxismo considerava que uma sociedade feliz era aquela que, por exemplo, reservava o lugar de honra ao bem-estar de todos, a uma sexualidade de tipo burguês, a uma família de tipo burguês, a uma estética de tipo burguês. E, além do mais, é verdade que foi isso que aconteceu na União Soviética e nas democracias populares: reconstruiu-se um tipo de sociedade por meio da transposição da sociedade burguesa do século XIX. A universalização do modelo do burguês foi a utopia que inspirou a formação da sociedade soviética.

O resultado é – creio que o senhor também percebeu – que é difícil dizer exatamente o que é a natureza humana.

Não corremos o risco de sermos induzidos ao erro? Mao Tse-tung falou de natureza humana burguesa e natureza humana proletária, e ele considera que elas não são a mesma coisa.

Chomsky:
Bem, veja você, penso que no campo intelectual da ação política – que é o campo em que se tenta construir uma visão de uma sociedade justa e livre baseada em alguma noção de natureza humana –, enfrentamos o mesmíssimo problema que enfrentamos na ação política imediata, a saber, o de sermos impelidos a fazer algo porque os problemas são imensamente grandes, e ainda assim sabendo que o que quer que façamos está baseado numa compreensão muito parcial das realidades sociais e, neste caso, das realidades humanas.

Para dar um exemplo concreto, grande parte de minha própria atividade na verdade tem que ver com a Guerra do Vietnã, e parte de minha própria energia é canalizada para a desobediência civil. Bem, nos Estados Unidos a desobediência civil é uma ação que se executa sabendo-se das consideráveis incertezas acerca de suas consequências. Por exemplo, ela ameaça a ordem civil de maneiras que podem, alguém diria, levar ao fascismo, e isto seria muito prejudicial para a América, para o Vietnã, para a Holanda e para todo o resto do mundo. Vocês sabem, se um grande Leviatã como os Estados Unidos se tornasse de fato fascista, o resultado seria um monte de problemas; portanto, este é um dos riscos de partir para essa ação concreta.

Por outro lado, existe um grande risco em não levá-la a cabo, a saber, se você não fizer, a sociedade da Indochina será reduzida a pó pelo poderio norte-americano. Diante dessas incertezas, há que se escolher que rumo seguir.

Bem, igualmente no campo intelectual, nos vemos diante das incertezas que o senhor corretamente propõe. Nosso conceito de natureza humana decerto é limitado; ele é em parte socialmente condicionado, restrito por nossos próprios defeitos de caráter e pelas limitações da cultura intelectual em que vivemos. No entanto, se esperamos alcançar alguns dos objetivos possíveis, é de suma importância que saibamos quais objetivos impossíveis estamos tentando alcançar. E isso quer dizer que temos de ser suficientemente ousados para especular e criar teorias sociais baseadas no conhecimento parcial, ao mesmo tempo que continuamos bastante abertos para a forte possibilidade – e, na verdade, a enorme probabilidade – de que, ao menos de alguns pontos de vista, estamos muito distantes da meta.

Elders:
Bem, talvez seja interessante aprofundar um pouco mais este problema de estratégia. Eu imagino que aquilo que o senhor chama de desobediência civil provavelmente é o mesmo que nós chamamos de ação extraparlamentar.

Chomsky:
Não, penso que ela vai além disso.
A ação extraparlamentar incluiria, digamos, uma demonstração legal de massa, mas a desobediência civil é mais restrita que todas as ações extraparlamentares, no sentido de que ela significa o desafio daquilo que o Estado alega – incorretamente, do meu ponto de vista – ser a lei.

Elders:
Assim, por exemplo, no caso da Holanda, tivemos algo parecido com um censo populacional. As pessoas eram obrigadas a responder a perguntas em formulários oficiais. O senhor chamaria de desobediência civil se alguém recusasse a preencher os formulários?

Chomsky:
Correto. Eu teria um pouquinho de cuidado a esse respeito, porque, voltando a um ponto muito importante observado pelo sr. Foucault, o Estado não está autorizado necessariamente a definir o que é legal. Ora, o Estado tem o poder de impor determinado conceito do que é legal, mas poder não implica justiça nem mesmo precisão; de forma que o Estado

pode definir algo como desobediência civil, e pode estar errado ao fazê-lo.

Por exemplo, nos Estados Unidos o Estado define como desobediência civil, digamos, descarrilar um trem carregado de munição que será enviada para o Vietnã; e o Estado está *errado* ao definir isso como desobediência civil, porque é um ato legal e correto e deve ser levado a cabo. É correto executar ações que evitarão atos criminosos do Estado, assim como é correto violar uma lei de trânsito a fim de evitar um assassinato.

Se meu carro estivesse parado diante de um sinal fechado, e então atravessasse o sinal fechado para evitar que alguém, digamos, atirasse num grupo de pessoas, é claro que isso não seria um ato ilegal, e sim uma ação adequada e correta; nenhum juiz sensato me condenaria por tal ação.

Igualmente, muito daquilo que as autoridades do Estado definem como desobediência civil não é, na verdade, desobediência civil; de fato, trata-se de um comportamento legal e obrigatório que viola as ordens do Estado, que podem ou não ser legais.

Portanto, creio que devemos ter um pouco de cuidado ao chamarmos as coisas de ilegais.

Foucault:
Sim, mas gostaria de lhe fazer uma pergunta. Quando, nos Estados Unidos, o senhor comete um ato ilegal, o senhor o justifica em termos de justiça ou de uma legalidade superior, ou o senhor o justifica pela necessidade da luta de classes, a qual, no presente, é essencial para o proletariado em sua luta contra a classe dominante?

Chomsky:
Bem, aqui eu gostaria de ficar com o ponto de vista defendido pela Suprema Corte Americana e, provavelmente, por outras cortes em tais circunstâncias, isto é, tentar fixar o problema nos termos mais restritos possíveis. Creio que, no final das contas, faria bastante sentido, em muitos casos, agir contra as instituições legais de determinada sociedade se, ao fazê-lo, você estivesse golpeando as fontes de poder e opressão dessa sociedade.

Contudo, em larga medida, as leis existentes representam determinados valores humanos, que são valores humanos decentes; e as leis existentes, interpretadas corretamente, permitem muito daquilo que o Estado ordena que você não faça. E penso que é importante explorar o fato...

Foucault:
É.

Chomsky:
... é importante explorar as esferas da lei que estão formuladas de maneira adequada e, então, talvez agir diretamente contra aquelas esferas da lei que simplesmente ratificam um sistema de poder.

Foucault:
Mas, mas, eu, eu...

Chomsky:
Deixe-me...

Foucault:
Minha pergunta, minha pergunta era a seguinte: quando o senhor comete um ato claramente ilegal...

Chomsky:
... que *eu* considere ilegal, e não somente o Estado.

Foucault:
Não, não, bem, o Estado é...

Chomsky:
... que o Estado considere ilegal...

Foucault:
... que o Estado considere ilegal.

Chomsky:
É.

Foucault:
O senhor está cometendo esse ato em virtude de uma justiça ideal ou porque ele é útil e necessário para a luta de classes? Esse é o problema para mim: o senhor se refere a uma justiça ideal?

Chomsky:
De novo, frequentemente, quando eu faço algo que o Estado considera ilegal, eu considero legal, isto é, para mim, o Esta-

do é que é criminoso. Mas em alguns casos isso não é verdade. Deixe-me ser bem objetivo sobre este assunto e passar da luta de classes para a guerra imperialista, em que a situação é um pouco mais clara e mais fácil.

Tomemos o direito internacional, que, embora seja um instrumento bastante frágil, como sabemos, incorpora, apesar disso, alguns princípios bem interessantes. Bem, o direito internacional é, sob muitos aspectos, o instrumento dos poderosos: ele é uma criação dos países e de seus representantes. Não houve nenhuma participação de movimentos de massa de camponeses no desenvolvimento do núcleo central do direito internacional que existe atualmente.

A estrutura do direito internacional reflete esse fato, isto é, o direito internacional admite uma esfera muito ampla de intervenção violenta, em apoio a estruturas de poder existentes que se definem como Estados, contra os interesses da maioria da população que eventualmente esteja organizada em oposição a eles.

Ora, esta é uma falha fundamental do direito internacional, e creio que se justifica que nos oponhamos a esse aspecto do direito internacional por lhe faltar validade, por ele não ter mais validade que o direito divino dos reis. Ele nada mais é que um instrumento dos poderosos para manter o poder.

Na verdade, porém, o direito internacional não se resume *unicamente* a isso. E, de fato, existem elementos interessantes do direito internacional, por exemplo, embutidos nos princípios de Nurembergue e na Carta das Nações Unidas, que permitem – para dizer a verdade, penso que *exigem* – que o cidadão aja contra seu próprio Estado utilizando métodos que o Estado considerará, erroneamente, criminosos. No entanto, ele estará agindo legalmente, porque acontece que o direito internacional também proíbe a ameaça ou o uso da força nas relações internacionais, exceto em circunstâncias muito limitadas, entre as quais, por exemplo, a Guerra do Vietnã não se encaixa. Isso quer dizer que no caso específico da Guerra do Vietnã, que me interessa mais de perto, o Estado americano está agindo no papel de criminoso. E as pessoas têm o direito de impedir que criminosos cometam assassinatos. O fato de o criminoso dizer que seu gesto de tentar detê-lo é ilegal *não* torna esse gesto ilegal.

Um exemplo cristalino do que estou dizendo é o dos Papéis do Pentágono* nos Estados Unidos, sobre os quais, suponho, vocês já devem ter ouvido falar.

Ficando no que interessa e esquecendo os legalismos, o que acontece é que o Estado está tentando processar pessoas por expor os crimes dele, Estado. Em suma, é isso que está acontecendo.

Ora, é claro que isso é absurdo, e não devemos dar a mínima atenção a essa distorção de qualquer processo judicial razoável. Além disso, creio que o sistema legal até mesmo ex-

---

* *Pentagon Papers*, no original. Trata-se de uma volumosa documentação que traça a política norte-americana na Indochina desde o final da Segunda Guerra Mundial até 1967. Foi revelado por um de seus autores, Daniel Ellsberg, ao jornal *The New York Times*, que começou a publicar esses documentos em 13 de junho de 1971. Após o governo ter conseguido sustar a publicação, em 30 de junho do mesmo ano, a Suprema Corte decidiu favoravelmente ao jornal, e os documentos foram publicados em sua íntegra. (N. do T.)

plica *por que* ele é absurdo. Mas se não o fizesse, então teríamos que nos opor a esse sistema legal.

Foucault:
Portanto, é em nome de uma justiça mais pura que o senhor critica o funcionamento da justiça?

Temos aqui uma questão importante. É verdade que em todas as lutas sociais existe uma questão de "justiça". Dizendo de maneira mais precisa, a luta contra a justiça de classe e contra suas injustiças sempre faz parte da luta social: demitir os juízes, trocar os tribunais, anistiar os condenados e abrir as prisões têm sempre feito parte das transformações sociais assim que elas se tornam levemente violentas. Atualmente na França a função da justiça e da polícia é alvo de muitos ataques por parte daqueles que chamamos de "gauchistes" [esquerdistas]. Mas se numa luta a justiça está em jogo, então ela é um instrumento de poder; não é na expectativa de que, finalmente, um dia, nesta ou em outra sociedade, as pessoas serão recompensadas segundo seus méritos, ou punidas de acordo com suas faltas. Em vez de pensar na luta social em termos de "justiça", devemos enfatizar a justiça em termos da luta social.

Chomsky:
É, mas certamente o senhor acredita que seu papel na guerra é justo, que está combatendo numa guerra justa, para utilizar um conceito de outra área. E creio que isso é importante. Se o senhor achasse que estava combatendo numa guerra injusta, não poderia seguir essa linha de raciocínio.

Eu gostaria de reformular um pouco o que o senhor disse. Parece-me que a diferença não é entre a legalidade e a justiça ideal, e sim entre a legalidade e uma justiça melhor.

Concordo que certamente não somos capazes de criar um sistema de justiça ideal, assim como não somos capazes de criar uma sociedade ideal em nossa mente. Não sabemos o bastante, somos muito limitados e muito tendenciosos, além de uma série de outras coisas. Mas somos capazes – e devemos agir como seres humanos sensíveis e responsáveis a partir dessa capacidade – de imaginar e de agirmos visando à criação de uma sociedade melhor e também um sistema de justiça melhor. Ora, esse sistema melhor certamente terá seus defeitos. Mas se compararmos o sistema melhor com o sistema existente – sem nos confundirmos pensando que o sistema melhor é o ideal –, penso que poderemos fazer o seguinte raciocínio:

O conceito de legalidade e o conceito de justiça não são idênticos, mas também não são inteiramente distintos. Na medida em que a legalidade incorpore a justiça – no sentido de uma justiça melhor, que diga respeito a uma sociedade melhor –, então deveríamos seguir e obedecer à lei e obrigar o Estado a obedecer à lei, e obrigar as grandes corporações a obedecerem à lei, e obrigar a polícia a obedecer à lei, se tivermos o poder de fazê-lo.

É claro, naquelas áreas em que o sistema legal acaba não expressando uma justiça melhor, mas, pelo contrário, expressa as técnicas de opressão que foram codificadas em um sistema autocrático específico, bem, então um ser humano razoável deveria desconsiderá-las e opor-se a elas, ao menos em princípio. Pode ser que, por alguma razão, ele não possa fazê-lo de fato.

Foucault:
Mas eu gostaria simplesmente de responder a sua primeira frase, na qual o senhor diz que, se não considerasse justa sua guerra contra a polícia, o senhor não combateria nela.

Gostaria de lhe responder nos termos de Spinoza e dizer que o proletariado não trava uma guerra contra a classe dominante porque ele considera que essa guerra é justa. O proletariado combate a classe dominante porque, pela primeira vez na história, ele quer tomar o poder. E porque ele vai destruir o poder da classe dominante, ele considera que essa guerra é justa.

Chomsky:
Pois é... não concordo.

Foucault:
Entra-se na guerra para vencer, não porque ela é justa.

Chomsky:
Pessoalmente, não concordo com isso.

Por exemplo, se eu me convencesse de que a chegada ao poder do proletariado levaria a um Estado policial terrorista, no qual a liberdade, a dignidade e as relações humanas decentes seriam destruídas, então eu não desejaria que o proletariado tomasse o poder. Na verdade, creio que a única razão para desejar uma coisa dessas é porque acreditamos, correta ou incorretamente, que alguns valores humanos fundamentais serão conquistados por meio dessa transferência de poder.

Foucault:
Quando o proletariado toma o poder, é bem possível que ele exerça, com relação às classes sobre as quais acabou de triunfar, um poder violento, ditatorial e mesmo sanguinário. Não vejo que objeção se pode fazer a isso.

Mas se o senhor me perguntar o que aconteceria se o proletariado exercesse um poder sanguinário, tirânico e injusto contra si próprio, então eu diria que isso só poderia ocorrer se o proletariado não tivesse, de fato, tomado o poder, mas se outra classe que não o proletariado, um grupo de pessoas no interior do proletariado, uma burocracia ou elementos pequeno-burgueses, tivesse tomado o poder.

Chomsky:
Bem, por uma série de razões, de natureza histórica e outras, essa teoria da revolução não me convence de maneira nenhuma. Mas mesmo que a aceitássemos para efeito de raciocínio, ainda assim essa teoria sustenta que está correto que o proletariado tome o poder e o exerça de maneira violenta, sanguinária e injusta, porque alega-se – e, em minha opinião, erradamente – que isso conduzirá a uma sociedade mais justa, na qual o Estado desaparecerá, na qual o proletariado será uma classe universal e assim por diante. Se não fosse por essa jus-

tificativa futura, o conceito de uma ditadura do proletariado violenta e sanguinária certamente seria injusto. Ora, esta é outra questão, mas sou bastante cético a respeito da ideia de uma ditadura do proletariado violenta e sanguinária, especialmente quando representada por agentes autonomeados de um partido de vanguarda, que – e temos suficiente experiência histórica para saber e para ter previsto – simplesmente serão os novos dirigentes dessa sociedade.

Foucault:
Sim, mas eu não tenho falado a respeito do poder do proletariado, que em si mesmo seria um poder injusto; o senhor tem razão ao dizer que isso, obviamente, seria fácil demais. Eu gostaria de dizer que o poder do proletariado poderia, durante determinado período, implicar violência e uma guerra prolongada contra uma classe social sobre a qual seu triunfo ou vitória não tenha sido ainda completamente assegurado.

Chomsky:
Bem, veja, não estou dizendo que existe um absoluto... Por exemplo, não sou um pacifista engajado. Não defenderia que, sob quaisquer condições imagináveis, fosse errado usar a violência, muito embora esse uso seja, em certo sentido, injusto. Creio que devemos avaliar os diferentes graus de justiça.

Mas o uso da violência e a criação de algum grau de injustiça só podem ser justificados com base na alegação e na avaliação – que sempre deve ser feita de maneira muito, muito séria e com uma boa dose de ceticismo – de que essa violência está sendo exercida porque se alcançará um resultado mais justo. Sem tal fundamento, na minha opinião, ela é, de fato, totalmente imoral.

Foucault:
No que diz respeito ao objetivo que o proletariado se coloca ao liderar uma luta de classes, não creio que seria suficiente dizer que ela signifique, em si mesma, um maior nível de justiça. O que o proletariado irá conquistar ao expulsar a classe que ocupa atualmente o poder e ao assumir o próprio poder é justamente a supressão do poder de classe em geral.

Chomsky:
Tudo bem, mas esta é a justificativa posterior.

Foucault:
Essa é a justificativa, mas não se fala em termos de justiça, e sim em termos de poder.

Chomsky:
Mas é em termos de justiça; é porque se alega que o fim que será alcançado é justo.

Nenhum leninista, ou qualquer outra pessoa, ousaria dizer: "Nós, o proletariado, temos o direito de tomar o poder e, em seguida, jogar todos os outros no crematório." Se essa fosse a consequência da tomada do poder pelo proletariado, é claro que ela seria inadequada.

A ideia é – e pelas razões que mencionei sou cético a respeito dela – que um período de ditadura violenta, ou talvez de uma ditadura violenta e sanguinária, se justifica porque significará o desmoronamento e o fim da opressão de classe, um objetivo nobre a ser alcançado durante a existência humana; é em razão dessa condição final que o esforço todo pode ser justificado. Se é ou não justificado, aí é outra questão.

Foucault:
Quanto a isso, serei um pouco nietzschiano, por assim dizer. Em outras palavras, parece-me que a ideia de justiça em si é uma ideia que, na verdade, foi inventada e posta em circulação em diferentes tipos de sociedade como um instrumento de determinado poder político e econômico ou como uma arma contra esse poder. Seja como for, parece-me que a própria noção de justiça funciona no interior de uma sociedade de classes como uma reivindicação feita pela classe oprimida e como uma justificativa para isso.

Chomsky:
Não concordo com isso.

Foucault:
E, numa sociedade sem classes, não tenho certeza de que ainda usaríamos essa noção de justiça.

Chomsky:
Bem, neste caso eu discordo totalmente. Penso que existe uma espécie de fundamento absoluto – se o senhor me pressionar demais eu vou ver-me em dificuldade, porque não consigo

esboçá-lo – que, no final das contas, repousa em qualidades humanas essenciais, com relação às quais se estabelece uma noção "verdadeira" de justiça.

Creio que é muito precipitado caracterizar os sistemas de justiça existentes como meramente sistemas de opressão de classe; não penso que eles representem isso. Penso que eles contêm sistemas de opressão de classe e elementos de outros tipos de opressão, mas eles também contêm uma espécie de movimento que tateia na direção de conceitos de justiça, de decência, de amor e de bondade verdadeiros, humanamente possíveis e valiosos que eu acredito que são reais.

Penso, além do mais, que em qualquer sociedade futura – que, é claro, nunca será uma sociedade perfeita – esses conceitos estarão presentes novamente; e embora esperemos que eles tenham avançado mais no sentido de incorporar a defesa das necessidades humanas básicas, incluindo aquelas como solidariedade, compaixão ou qualquer outra, eles provavelmente ainda refletirão, de alguma forma, as injustiças e os elementos de opressão da sociedade então existente.

No entanto, creio que o que o senhor está descrevendo só é válido para um tipo muito diferente de situação.

Tomemos, por exemplo, o caso de um conflito entre nações. Temos ali dois países, um tentando destruir o outro. Nenhuma questão de justiça se coloca. A única questão que se coloca é: de que lado você está? Você vai defender seu próprio país e destruir o outro?

Quero dizer que, em certo sentido, e deixando de lado uma série de problemas históricos, é isso que enfrentavam os soldados que se massacravam uns aos outros nas trincheiras da Primeira Guerra Mundial. Eles não lutavam por nada. Lutavam pelo direito de destruir uns aos outros. E nesse tipo de circunstância questões de justiça não se colocam.

E, é claro, havia pessoas racionais, a maioria delas na cadeia, como Karl Liebknecht, por exemplo, que chamou a atenção para aquilo e foi preso por causa disso; ou Bertrand Russell, para usar um exemplo do outro lado. Houve gente que percebeu que aquela carnificina mútua não fazia sentido em termos de justiça – de qualquer tipo que fosse – e que elas deveriam simplesmente interrompê-la.

Ora, essas pessoas foram consideradas insanas, lunáticas, criminosas e sei lá o que mais, mas, é claro, eram as únicas pessoas lúcidas que havia.

E no tipo de circunstância que o senhor descreve, em que não existe questão de justiça – trata-se simplesmente de saber quem vai ganhar uma luta mortal –, então eu penso que a reação humana adequada é: interrompa-a, não a vença a qualquer custo, tente pôr fim a ela – e, é claro, se você disser isso será imediatamente jogado na cadeia, assassinado ou algo desse tipo, que é o destino de um monte de gente racional.

Não creio, porém, que esta seja a situação típica nas questões humanas, e não creio que seja a situação no caso de conflito de classe ou de revolução social. Penso que, nesses casos, podemos e *devemos* apresentar um argumento; se você não é capaz de apresentar um argumento, deve retirar-se da luta. Apresente um argumento de que a revolução social que você está tentando alcançar *tem* por finalidade a justiça, *tem* por finalidade a realização das necessidades humanas fundamentais, não simplesmente a finalidade de pôr outro grupo no poder porque eles querem.

Foucault:
Bem, tenho tempo para responder?

Elders:
Sim.

Foucault:
Quanto? Porque...

Elders:
Dois minutos. [*Foucault ri.*]

Foucault:
Mas eu diria que isso é injusto. [*Todo o mundo ri.*]

Chomsky:
Concordo plenamente.

Foucault:
Não, mas eu não quero ter tão pouco tempo para responder. Eu diria, simplesmente, que, afinal, essa questão de natureza humana, quando colocada puramente em termos teóricos, não foi motivo de divergência entre nós; no final das contas, nós nos entendemos muito bem acerca desses problemas teóricos.

Por outro lado, as diferenças surgiram entre nós quando discutimos o problema da natureza humana e os problemas políticos. E, contrariamente ao que o senhor pensa, o senhor não pode impedir que eu acredite que essas noções de natureza humana, de justiça, de realização da essência dos seres humanos, sejam todas elas noções e conceitos que foram formados dentro da nossa civilização, dentro do nosso tipo de conhecimento e de nosso modelo de filosofia, e, como consequência, fazem parte do nosso sistema de classes. E, por mais lamentável que isso possa ser, não se pode avançar essas noções para descrever ou justificar uma luta que deveria – e deverá, em princípio – subverter os próprios fundamentos da nossa sociedade. Esta é uma extrapolação para a qual eu não consigo encontrar a justificativa histórica. Essa é a questão...

Chomsky:
Está claro.

Elders:
Sr. Foucault, se o senhor fosse obrigado a descrever a sociedade atual em termos patológicos, que tipos de loucura mais o impressionariam?

Foucault:
Na nossa sociedade contemporânea?

Elders:
Sim.

Foucault:
Se eu fosse dizer qual é a doença que mais aflige a sociedade contemporânea?

Elders:
Sim.

Foucault:
A definição de doença e de doente mental e a classificação do doente mental têm sido feitas de maneira tal como se se pretendesse excluir de nossa sociedade determinado número de pessoas. Se nossa sociedade se definisse como insana, ela excluiria a si própria. Ela pretende agir assim por motivos de reformas internas. Ninguém é mais conservador do que as pessoas que dizem que o mundo moderno vive atormentado pela ansiedade ou pela esquizofrenia. Trata-se, na verdade, de uma maneira astuta de excluir certas pessoas ou certos padrões de comportamento.

Assim, não penso que se possa, exceto como uma metáfora ou uma brincadeira, dizer, de maneira incontestável, que nossa sociedade seja esquizofrênica ou paranoica, a menos que se atribua um significado não psiquiátrico a essas palavras. Mas, se você me pressionar muito, eu diria que nossa sociedade tem sido atormentada por uma doença, uma doença muito curiosa e paradoxal, para a qual ainda não encontramos um nome, e essa doença mental apresenta um sintoma muito curioso, que é o fato de o próprio sintoma ter sido o causador da doença mental. É isso.

Elders:
Ótimo. Bem, creio que podemos dar início imediatamente à discussão.

Pergunta:
Sr. Chomsky, eu gostaria de lhe fazer uma pergunta. Na sua argumentação, o senhor usou o termo "proletariado". O que o senhor quer dizer com "proletariado" numa sociedade tecnológica altamente desenvolvida? Creio que esta é uma concepção marxista, que não descreve com precisão o estado de coisas do ponto de vista sociológico.

Chomsky:
Sim, creio que você tem razão, e esse é um dos motivos pelos quais fiquei me esquivando e dizendo que sou muito cético a respeito da ideia como um todo. Isso porque penso que o conceito de proletariado – se quisermos utilizá-lo – precisa receber uma nova interpretação, que se ajuste às nossas atuais condições sociais. Na verdade, preferiria até abrir mão dessa palavra, uma vez que ela está tão carregada de conotações históricas específicas, e, em vez disso, pensar nas pessoas que executam o trabalho produtivo da sociedade, tanto manual como intelectual. Creio que elas seriam capazes de organizar as condições de seu trabalho e de determinar sua finalidade e a forma como ele é utilizado; além disso, em razão do meu conceito de natureza humana, creio que isso incluiria – em parte – todo o mundo. Porque penso que todo ser humano que não tenha uma deformidade física ou mental – e, neste caso,

não posso deixar de discordar novamente do senhor Foucault e manifestar minha convicção de que o conceito de doença mental provavelmente tem, *sim*, um caráter absoluto, ao menos até certo ponto – não somente é capaz de realizar um trabalho produtivo e criativo como insiste em fazê-lo, se tiver a oportunidade.

Nunca vi uma criança que não quisesse construir alguma coisa usando blocos de montar, ou aprender algo novo ou experimentar uma nova tarefa. E acredito que o único motivo de os adultos não serem assim é porque eles foram mandados para a escola e para outras instituições opressoras, que mataram esse impulso.

Ora, se isso for verdade, então o proletariado – ou qualquer outro nome que se queira dar a ele – pode, de fato, ser universal, isto é, ele pode representar todos os seres humanos que são impelidos por aquilo que, creio, seja a necessidade humana básica de ser você mesmo, o que significa ser criativo, gostar de explorar novos caminhos, ser curioso...

Pergunta:
Posso interrompê-lo?

Chomsky:
... fazer coisas úteis, entende?

Pergunta:
Se o senhor usa essa categoria, que tem outro significado para o marxismo...

Chomsky:
É por isso que eu digo que talvez devamos deixar esse conceito de lado.

Pergunta:
Não seria melhor se o senhor usasse outro termo? Nesse caso, gostaria de lhe fazer outra pergunta: que grupos, o senhor acredita, farão a revolução?

Chomsky:
Sim, essa é uma pergunta diferente.

Pergunta:
É uma ironia da história que, neste momento, jovens intelectuais oriundos das classes média e alta se considerem proletários e digam que devemos nos unir ao proletariado. Mas eu não vejo nenhum proletário com consciência de classe, e este é o grande dilema.

Chomsky:
Muito bem. Creio que você está fazendo uma pergunta concreta e específica, além de bastante razoável.

Considerando nossa sociedade, não é verdade que todas as pessoas executam um trabalho útil, produtivo e gratificante – evidentemente, isso está muito longe de acontecer –, ou que, se executassem esse mesmo trabalho em condições de liberdade, isso o tornaria produtivo e gratificante.

Na realidade, existe um grande número de pessoas envolvidas com outros tipos de trabalho. Por exemplo, as pessoas que administram a exploração dos outros, ou as pessoas envolvidas na criação do consumo artificial, ou aquelas envolvidas na criação de mecanismos de destruição e opressão, ou simplesmente as que não encontram lugar numa economia industrial estagnada. Um monte de pessoas estão excluídas da possibilidade de ter um trabalho produtivo.

Além disso, penso que a revolução, se preferir, deveria ser feita em nome de *todos* os seres humanos. Mas ela terá de ser liderada por determinadas categorias de seres humanos, que serão, creio, aqueles que realmente *estão* envolvidos no trabalho produtivo da sociedade. Ora, o *que* isso significa vai variar de acordo com a sociedade. Creio que, em nossa sociedade, fazem parte dessa categoria os trabalhadores intelectuais; um leque de pessoas que vai dos trabalhadores manuais aos trabalhadores especializados, aos engenheiros, aos cientistas, a uma classe muito ampla de profissionais, a muitas pessoas do assim chamado setor de serviços. São elas que constituem, de fato, a esmagadora maioria da população, pelo menos nos Estados Unidos e, imagino, provavelmente aqui também, e que se tornarão a maioria da população no futuro.

E eu penso que os estudantes revolucionários, se preferir, têm razão, uma parcela de razão, ou seja, numa sociedade industrial moderna e avançada é muito importante como a *intelligentsia* educada se identifica. É muito importante perguntar se seus integrantes vão se identificar como gerentes sociais, se eles vão virar tecnocratas ou lacaios do Estado ou do poder privado, ou, em vez disso, se vão se identificar como parte da força de trabalho que, circunstancialmente, executa um trabalho intelectual.

Se for este último caso, então eles podem e devem desempenhar um papel respeitável numa revolução social progressista. Se for o primeiro caso, então eles fazem parte da classe dos opressores.

Pergunta:
Obrigado.

Elders:
Sim, por favor, pode perguntar.

Pergunta:
Eu fiquei chocado, sr. Chomsky, com o que o senhor disse a respeito da necessidade intelectual de criar novos modelos de sociedade. Um dos problemas que enfrentamos para fazer isso com grupos de estudantes de Utrecht é que estamos buscando coerência de valores. Um dos valores que o senhor mencionou de passagem é a necessidade de descentralizar o poder, que as pessoas deveriam participar localmente da tomada de decisões.

Esse é o valor da descentralização e da participação. Por outro lado, porém, vivemos numa sociedade que faz que seja cada vez mais necessário – ou que passa essa impressão – que as decisões sejam tomadas em escala global. Além disso, para se alcançar uma distribuição mais equilibrada de bem-estar etc., por exemplo, pode ser necessário que haja uma maior centralização. Esses problemas deveriam ser resolvidos num nível superior. Bem, esta é uma das incoerências que encontramos ao criar seus modelos de sociedade, e gostaríamos de ouvir o que o senhor tem a dizer sobre isso.

E eu gostaria de acrescentar mais uma breve pergunta – ou melhor, uma observação – ao senhor. É a seguinte: com suas atitudes extremamente corajosas com relação à Guerra do Vietnã, como é que o senhor consegue sobreviver numa instituição como o MIT, que é conhecida aqui como uma das grandes fornecedoras das Forças Armadas, além de dar suporte intelectual à guerra?

Chomsky:
Bem, deixe-me responder à segunda pergunta primeiro, e espero não esquecer de responder à primeira. Ah, não, vou começar pela primeira mesmo; caso eu me esqueça de responder à segunda, me lembre.

Em geral, sou a favor da descentralização. Não quero transformar isso num princípio absoluto, mas a razão de eu ser a favor dela – embora certamente haja, creio, uma grande margem de especulação neste caso – é porque eu imagino que, em geral, um sistema centralizado de poder funcionará de forma extremamente eficiente em defesa do interesse dos elementos mais poderosos que estão *dentro dele*.

Ora, é claro que um sistema de poder descentralizado e de livre associação terá de enfrentar o problema, o problema específico que você citou, da desigualdade – uma região é mais rica do que a outra etc. Mas eu aposto que é mais seguro confiar naquilo que, espero, sejam os sentimentos humanos básicos de compaixão e de busca pela justiça, que podem surgir dentro de um sistema de livre associação.

Acredito que seja mais seguro esperar pelo progresso que é baseado nesses instintos humanos do que aquele que é baseado nas instituições de um poder centralizado, as quais, acredito, agirão quase inevitavelmente em defesa do interesse de seus membros mais poderosos.

Ora, isso é um pouco abstrato e genérico demais, e eu não desejaria afirmar que se trata de uma regra para todas as ocasiões, mas penso que é um princípio eficaz em inúmeras situações.

Assim, por exemplo, creio que seria mais provável que, se os Estados Unidos fossem um país democrático, socialista e libertário, dariam uma ajuda substancial aos refugiados do Paquistão Oriental, o que não fariam se fossem um sistema de poder centralizado que funciona, basicamente, em defesa dos interesses das corporações multinacionais. Além disso, vocês sabem, creio que o mesmo se aplica a inúmeros outros casos. Parece-me, no entanto, que pelo menos vale a pena refletir um pouco sobre esse princípio.

Quanto à ideia – que de todo modo talvez esteja nas entrelinhas de sua pergunta, é uma ideia externada com frequência – de que existe um imperativo técnico, alguma característica da sociedade tecnologicamente avançada que exige que o poder e as tomadas de decisão sejam centralizados – e um monte de gente diz isso, a começar por Robert McNamara –, até onde eu posso ver não faz o menor sentido, nunca vi nenhum argumento em sua defesa.

Parece-me que a tecnologia moderna, como o processamento de dados, as comunicações, e assim por diante, sugere exatamente o oposto. Ela sugere que a informação relevante e o conhecimento relevante podem ser levados a todos rapidamente. Eles não têm de ficar concentrados nas mãos de um pequeno grupo de gerentes que controlam todo o conhecimento, toda a informação e todas as tomadas de decisão. Penso, portanto, que, tecnologicamente, pode ser libertador, tem a característica de ser possivelmente libertador; ela se converteu, como tudo mais, como o sistema judicial, num instrumento de opressão, em razão do fato de que o poder é mal distribuído. Eu não penso que não haja nada na tecnologia moderna ou na sociedade tecnológica moderna que afaste da descentralização do poder, muito pelo contrário.

Quanto ao segundo ponto, ele tem dois aspectos: um é a questão de como o MIT me tolera, e a outra é como eu tolero o MIT [*Risadas.*]

Bem, quanto à questão de o MIT me tolerar, penso que, uma vez mais, não devemos ser excessivamente esquemáticos. É verdade que o MIT é uma importante instituição ligada à pesquisa bélica. Mas também é verdade que ele incorpora valores libertários muito importantes, que estão, creio, profundamente incorporados na sociedade americana, felizmente para o mundo. Eles não estão profundamente incorporados o bastante para salvar os vietnamitas, mas eles estão profundamente incorporados o bastante para evitar desastres muito piores.

E penso que, neste caso, é preciso discriminar um pouco as coisas. Existem o terror e a agressão imperialistas, existe a exploração, existe o racismo, um monte de coisas desse tipo. Porém, coexistindo com isso, existe também uma verdadeira preocupação com os direitos individuais do tipo que, por exemplo, estão incorporados na Carta dos Direitos [*Bill of Rights*], que de modo algum significa simplesmente uma expressão de opressão de classe. Ela também é uma expressão da necessidade de defender o indivíduo contra o poder do Estado.

Ora, essas coisas coexistem. Não se trata de algo simplista: ou tudo é ruim ou tudo é bom. E é esse equilíbrio singular em que esses dois lados coexistem que faz que um instituto que produz armas de guerra esteja disposto a tolerar – na verdade, de muitas maneiras até mesmo estimular – uma pessoa que está envolvida na desobediência civil contra a guerra.

Bem, como eu tolero o MIT, esta já é outra questão.

Existem pessoas que argumentam – e eu nunca entendi a lógica por trás disso – que um radical deve se dissociar de instituições opressoras. Seguindo a lógica desse argumento, Karl Marx não deveria ter estudado no Museu Britânico, que, em todo caso, era o símbolo do mais cruel imperialismo do mundo, o lugar em que estavam reunidos todos os tesouros que o império havia reunido como consequência da pilhagem das colônias.

Mas penso que Karl Marx fez muito bem em estudar no Museu Britânico. Ele fez bem em utilizar contra a civilização que estava tentando superar os recursos e os valores liberais dessa mesma civilização. E creio que o mesmo se aplica neste caso.

Pergunta:
Mas o senhor não teme que sua presença no MIT lhes tire o peso da consciência?

Chomsky:
Na verdade, não vejo como. Quer dizer, acho que minha presença no MIT serve, até certo ponto, para ajudar, não sei quanto, a aumentar o ativismo estudantil contra uma série de coisas que o MIT, como instituição, faz. Pelo menos *espero* que seja assim.

Elders:
Mais alguma pergunta?

Pergunta:
Queria voltar à questão da centralização. O senhor disse que a tecnologia não se opõe à centralização. Mas o problema é: será que a tecnologia é capaz de criticar a si própria, a suas influências, e assim por diante? O senhor não pensa que poderia ser necessário haver uma organização central que pudesse criticar a influência da tecnologia no mundo inteiro? E eu não consigo ver como isso poderia ser incorporado numa instituição tecnológica pequena.

Chomsky:
Bem, não tenho nada contra a interação de uma federação de associações livres; e, nesse sentido, a centralização, a intera-

ção, a comunicação, a discussão e o debate podem ter lugar, e assim por diante, além da crítica, se preferir. Aquilo a que estou me referindo é à centralização do poder.

Pergunta:
Mas é claro que o poder é necessário, por exemplo, para impedir que algumas instituições tecnológicas executem um trabalho que só irá beneficiar a corporação.

Chomsky:
É, mas o que eu estou defendendo é isto: se tivermos a opção de escolher entre confiar que o poder centralizado tome a decisão certa nessa matéria ou confiar que associações livres de comunidades libertárias tomem essa decisão, eu preferiria confiar nestas últimas. E a razão é que eu penso que elas podem servir para maximizar os instintos humanos decentes, enquanto um sistema de poder centralizado tenderá, de modo geral, a maximizar um dos piores instintos humanos, a saber, o instinto da ganância, da destrutibilidade, da acumulação de poder para si e da destruição dos outros. É um tipo de instinto que, de fato, surge e atua em determinadas circunstâncias históricas, e creio que nós queremos criar o tipo de sociedade em que exista a probabilidade de ele ser reprimido e substituído por outros instintos mais saudáveis.

Pergunta:
Espero que o senhor tenha razão.

Elders:
Bem, senhoras e senhores, creio que chegamos ao fim do debate. Sr. Chomsky, sr. Foucault, agradeço muitíssimo pela profunda discussão a respeito das questões filosóficas e teóricas, bem como políticas, do debate, tanto para mim como também em nome do público, aqui e em casa.

GRÁFICA PAYM
Tel. [11] 4392-3344
paym@graficapaym.com.br